1日1分! 英単語 ビジネス
―使えるキーワード100―

片岡文子

祥伝社黄金文庫

編集協力	草文社
本文デザイン	内藤裕之

まえがき

　このたび、「1日1分!英単語」の第3弾を出版することになりました。

　ですが実は、「3冊目」のお話を出版社からいただいて喜んだ半面、「さてどうしよう」と困ったことがひとつありました。それは「第3弾」の方向性をどうするか、という問題です。

　そもそも、第1弾も第2弾「ちょっと上級」も、それまでに私が発行していたメールマガジン「決め手はボキャブラリー!豊かな語彙を身につける方法」(通称「決めボキャ」)の記事のストックを再編集するという形で本になりましたので、本の中で扱われている単語たちのテーマというかジャンルというか、「こんな種類の単語を集めました」「こんな切り口で学んでください」という方向付けはされていませんでした。

　実際のところを言えば、英語は言語ですので、ジャンルが偏らないように満遍なく、じっくり時間をかけて学ぶのが理想ではあるのです。メルマガ「決めボキャ」も、先の2冊も、そのような意図からあえてカテゴリを限定しないで、いろいろな単語を盛り込みました。

　とはいえ「1日1分!」シリーズをご覧になる多くの皆さんは、きっと、「限られた時間を有効に使って、できる限り効率的に英語を学びたい」という気持ちをお持ちなのが現実なのだと思います。

そうであれば、本の中で扱う単語たちを選ぶ際に、ある程度の方向付け、あるいは枠を決め、そのうえで学んでいただけば、より多くの方が自分にとって優先度の高い単語を学べるのでは、と思ったのです。

　そこで決まったジャンルが、今回の「ビジネス」。

　もちろん、「ビジネス」と限定されたからといって、その単語が日常生活のほかの場面では使われない、ということではありません。ですが、たとえば日常生活では使われる頻度はそんなに高くない英単語が、ビジネスの世界では頻繁に使われる、ということがよくあります。

　今回の「1日1分！英単語　ビジネス」は、そういう、仕事ではよく使われるのに、日常生活という広い切り口で英語を学んでいたのでは後回しになってしまうかもしれない英単語、を優先的に収録してみました。

　また、日常とは違う意味合いで使われる英単語も、重点的に紹介しています。

　基本となる英単語とその類語4つを選び、それぞれのニュアンスの違いや使われる場面の違いに焦点を当てて学ぶというスタイルと、けっして付け焼刃ではない"本当の語彙力"を身につける。この目標は、1作目、2作目の「1日1分！英単語」同様、この「ビジネス編」でも変わりありません。

　ですので「とにかくTOEICのスコアさえ上がればよい」という方には、本書は向きません。その代わり、「本当に使える英語を身につけたい」と思っていらっしゃる方に

は、必ずやお役に立てていただけるものと思っています。

　最後に、本文中に頻繁に出てくる「ロン解」という言葉について、説明しておきます。

　これは、「ロングマン英英辞書（Longman Dictionary of Contemporary English）の解説」の略（ロングマンの解説→ロン解）です。また、「Webster」という単語も出てきますが、これは「Merriam-Webster's 11th Collegiate Dictionary」を指すという点をお断りしておきます。どちらも非常によい英英辞典で、最新版はそれぞれパソコンにインストールできる CD-ROM がついていますので、便利です。

　ビジネスだからといって、何も特別難しい英語を学ぶわけではありませんので、これまで同様肩の力を抜いて、楽しんで学んでみてください。

2007 年 6 月
片岡文子

Contents

まえがき ・・・・・・・・・・・・・・・・・ 3

この本の使い方 ・・・・・・・・・・・・・ 10

必須の表現 ・・・・・・・・・・・・・・・・ 13

第1週 interruptとその仲間たち ・・・・・ 14

第2週 expectとその仲間たち ・・・・・・・ 26

第3週 thankとその仲間たち ・・・・・・・・ 38

第4週 happyとその仲間たち ・・・・・・・・ 50

第5週 planとその仲間たち ・・・・・・・・ 62

1日1分！英単語ビジネス

第6週　adviseとその仲間たち・・・・・・・・74

第7週　ordinaryとその仲間たち・・・・・・86

第8週　importantとその仲間たち・・・・・98

第9週　workとその仲間たち・・・・・・・・110

楽しく英語を学びたい！・・・・・・・・・・・122

英語のセンスって？

お役立ち表現・・・・・・・・・・・・・・・127

第10週　eagerとその仲間たち・・・・・・・128

第11週　stressとその仲間たち・・・・・・140

第12週　be disappointedとその仲間たち 152

第13週　involveとその仲間たち・・・・・・164

第14週　handleとその仲間たち・・・・・・176

第15週　acceptとその仲間たち・・・・・・188

第16週　build upとその仲間たち・・・・・・200

第17週　considerとその仲間たち・・・・・212

楽しく英語を学びたい！・・・・・・・・・・・224

失敗しない辞書の選び方・使い方

1日1分！英単語ビジネス

差が出る表現・・・・・・・・・・・・・・・231

第18週　intend toとその仲間たち・・・・・232

第19週　press homeとその仲間たち・・・244

第20週　rewardingとその仲間たち・・・・256

索引・・・・・・・・・・・・・・・・・・・268

この本の使い方

《今日の単語》

重要語彙 20 ワードとその類語、合計 100 語を、1 週間単位で紹介しています。

今回は特に、ビジネスの場で使われる単語を厳選しています。英英辞典の説明や語源をまじえ、見開き 2 ページで詳しく説明しています。

ニュアンスの違いを知ることで、活きた英語が身につくと同時に、ビジネスのさまざまな場面でもっともふさわしい単語が何か、わかります。

なお、重要語彙は、

「必須の表現」
「お役立ち表現」
「差が出る表現」

の 3 ブロックに分かれています。

《今日の例文》

単語の使い方を、例文で説明しています。

知識の確認ができると同時に、ここを読み込むことで、表現力、発信力が格段にアップします。

今回は特に、ビジネスの場で実際に使われる可能性の高い例文を選んでいます。

《今日の単語、おかわり！》
「今日の例文」に出てきた重要語彙を紹介しています。
これで、語彙力がさらにアップします。
なお、発音記号の斜体は、省略可能な音です。

《コラム》
「独学英語塾」の塾長である著者が、「英語のセンス」と「辞書の選び方と使い方」について、詳しく説明しています。

《索引》
「今日の単語」と類語、「今日の単語、おかわり！」で紹介した全ての単語を、巻末の索引にまとめています。
学習のまとめに最適です。

【必須の表現】

interrupt
expect
thank
happy
plan, advise
ordinary
important
work

キーワード9と、
その類語を紹介しています

第1週

interrupt とその仲間たち

《 今週の単語 》

interrupt

trouble

disturb

bother

upset

仕事、ビジネスに限らず、誰かに用事がある場合に「ちょっとすみません」と話しかけることはよくあります。それを英語で言うとき、いつもいつも「Excuse me.」では芸がないというもの。特に、相手の作業を中断させたりちょっとした手間をかけてしまうときは、「Excuse me.」では配慮が足らないともいえます。

　そこで今回のシリーズでは、「すみませんが…」とか「ちょっとよろしいですか？」と相手に呼びかけるときの言い方を、シチュエーションやニュアンスの違いに気をつけながら学んでみましょう！

《《今日の単語》》

☞ **interrupt**
「中断させて邪魔する」[intərʌ́pt]

シリーズ最初の単語は「interrupt」。まずはロン解をチェック。

> "[intransitive and transitive] to stop someone from continuing what they are saying or doing by suddenly speaking to them, making a noise etc（[自動詞・他動詞] 突然話しかけたり音を立てたりして相手が今していることを継続するのをやめさせる）"

訳文が少し回りくどくなってしまいましたが、ここでは「相手の作業を継続できなくする」ということがポイントです。継続できなくする、つまり中断させる、ということなのですが、このことは interrupt の語源を調べても明らかです。interrupt はラテン語 interrumpere から来ていますが、これは「中に（入って）」という意味の inter- と「割る」という意味の rumpere がくっついてできた単語。「中に入って割る」＝自分が相手の作業の流れの間に入ってその流れを断ってしまう、ということですね。

ですので、相手が何か作業を継続しているところを邪魔するような形で呼びかけなくてはいけないときは、この interrupt を使って、

I'm sorry to interrupt you, but...
（お邪魔して申し訳ないのですが…）

のように言うと◎です。but の後の「…」に、用件を言うわけ

です。(例文1)

あるいは相手と親しい仲なら、例文2のように言うこともできます。

あなたが話しかけることで相手の作業を中断させる、という場合には「interrupt」が基本と覚えておくとよいでしょう。

《《今日の例文》》

1 I'm sorry to interrupt you, but I need you to check the papers.
お邪魔して申し訳ないのですが、書類を確認していただきたいんです。

2 Sorry to interrupt, but will you come to the laboratory please?
悪いがちょっと研究室まで来てくれないか。

《《今日の単語、おかわり！》》

paper [péipər] 　　　　書類
laboratory [lǽbərətɔ̀ːri] 研究室

《《今日の単語》》

☞ **trouble**

「迷惑をかける、手間を取らせる」[trʌ́bl]

　シリーズ2つ目の単語は「trouble」です。
「トラブル」と日本語でも言いますがこれは「問題、難事」という意味の名詞を借用したもの。一方、今日のボキャは「面倒をかける」という意味の動詞ですので、混同しないようにしましょう。

"[inconvenience] [formal] to say something or ask someone to do something which may use or waste their time or upset them [= bother]（[不便][形式的] 自分のために相手の時間を使わせたり浪費させるようなこと、あるいは不快な思いをさせるようなことを言ったり頼んだりする）"

　ロン解では「不便」という意味に集約されています。誰かに不便をかける、面倒をかけるというときに、trouble と言います。
「すみませんが…」と何かを頼むようなときは前回の interrupt と同じ言い回しで、

I'm sorry to trouble you, but...

　というふうに使いますが、意味合いとしては「お邪魔して申し訳ない」ではなく「お手数かけて申し訳ない」という感じです。
trouble の語源はラテン語で「動揺した、混乱した」という意味の turbulentus で、もっとさかのぼると「混乱」を意味するギリ

シャ語 tyrbe にたどり着くようです。

　interrupt は相手の作業を中断してしまいましたが、今日ボキャ trouble の場合は相手を困らせたり面倒な思いをさせる、気持ちの面でかける迷惑のほうに重点を置いているといえるでしょう。ですから余分な仕事をお願いしたりして「面倒な思いをさせて申し訳ない」という気持ちを伝えたいときは特に、interrupt よりも trouble のほうが向いています。

《《今日の例文》》

1　We're sorry to trouble you, but we'd appreciate if you check your record of our orders.
お手数ですが御社の弊社からの受注記録をご確認いただけますと幸いです。

2　May I trouble you for the soy sauce?
すみません、お醤油を取ってください。(食事の席などで)

《《今日の単語、おかわり！》》

appreciate [əpríːʃièit]　感謝する

《《今日の単語》》

☞ disturb
「邪魔して面倒な思いをさせる」[distə́ːrb]

"[interrupt] to interrupt someone so that they cannot continue what they are doing（[中断させる] 人が今していることを続けられなくして邪魔をする）"

　シリーズ最初の interrupt と同義語のように思えますね。「邪魔をする、乱す」というのが disturb の基本的なニュアンスですが、語源をたどるともっと深い意味合いが見えてきます。

　Webster によると disturb はラテン語 disturbare から来ており、この disturbare を分解すると「dis- + turbare」で、後者の turbare はなんと前回の trouble の語源、ギリシャ語の tyrbe になるのです。

　つまり、disturb の語源と trouble の語源は同じ tyrbe ＝「混乱」。その語源と現代英語の定義である「邪魔をする、乱す」という意味を合わせると、disturb 固有のニュアンスが生まれます。言ってみれば、interrupt の「邪魔する、割り込む」意味合いと trouble の「面倒な思いをさせる」という心理的な意味合いを合わせたものが disturb。

　物理的に邪魔をしたうえ、気持ちの面でも面倒な思いをさせる…。なんだかこのうえなくメイワクな単語になってしまいますが、たとえば大事な話の最中の相手に声をかけなくてはいけないときや、仕事に集中している人に用事があるときなど、邪魔をして不愉快にさせかねない状況では disturb を使うことで相手の気持ちに配慮できるでしょう。

《《今日の例文》》

1 **I'm sorry to disturb you, but you're wanted on the telephone.**
お邪魔して申し訳ないのですが、お電話がかかっています。

2 **I hate to disturb you at a time like this, but we're swamped with complaint calls!**
こんなときに本当に申し訳ないのですが、苦情の電話が殺到しています！

3 **Don't disturb yourself.**
どうぞおかまいなく。(自分のためにあれこれ世話をしてくれようとする相手に向かって)

《《今日の単語、おかわり！》》

be wanted on the telephone	(人)宛てに電話がかかる(→字義的には「電話で(人)が欲しがられている」)
swamp [swámp]	(津波のように)押し寄せる
complaint [kəmpléint] **call**	苦情の電話

〈今週の単語 interrupt / trouble / disturb / bother / upset〉

《《今日の単語》》

「いらだたせて邪魔する」 [báðər]

"to annoy someone, especially by interrupting them when they are trying to do something（誰かをいらだたせること、特にその人が何かをしようとしているところを邪魔することによって）"

ここでもふたたび「interrupt」が登場してきましたね。中断して邪魔をする。今回の bother は、それによって相手をイライラさせる、という作用に意味上の重点が置かれています。

さぞかし興味深い語源が見つかるかと思いきや、こちらは Webster によれば「origin unknown」、語源不明。仕方なく Webster の定義のみを参照するとそこには、

"to annoy especially by petty provocation（特に、どうでもいいような挑発や刺激で、いらだたせること）"

とありました。provocation というのは意図的に相手を怒らせたりいらだたせたりする物事を指しますが、ここでは bother の定義として「意図的に困らせる」程度の意味合いと解釈してよいでしょう。実際、「すみませんが…」と話しかけるような場面では意図的に困らせたりはしないでしょうが、逆説的に「そんなつもりはないけれど、もしイライラさせてしまったらごめんなさい」という意味で、

I'm sorry to bother you, but...

とか、

I don't want to bother you, but...

のように使うことができます。Webster の定義からも分かるように、比較的小さな用件やお願いで相手の作業や集中を途切れさせるようなときに使うとよいでしょう。

《《今日の例文》》

1 **I don't want to bother you, but will you help me with the PC, please?**
   申し訳ないのですが、パソコンのことでちょっと教えてもらえますか？

2 **Can I bother you for a second?**
   ごめん、ちょっといい？（親しい間柄で）

《《今日の単語、おかわり！》》

for a second　ちょっとの間

《《今日の単語》》

 **upset**
「気分を害する」[ʌpsét]

"[make somebody unhappy] to make someone feel unhappy or worried（[不愉快な思いをさせる] 誰かに不愉快なまたは心配な思いをさせる）"

今日のボキャ upset はきわめてシンプルで、「不機嫌にさせる、不安にさせる、心配させる」という意味の単語です。interrupt や disturb のように、邪魔をするとか迷惑をかけるといった直接的な表現ではありませんが、なんであれ自分か、自分の言動か、あるいは自分が伝える物事が原因で相手を unhappy にする恐れがあるようなときに、ワンクッション置くために使います。

相手の作業を中断させたり邪魔したりといったことではなく、単に相手の感情を害する可能性を念頭に置いて「悪いんだけど…」「怒らないでほしいんだけど…」というようなときには、この upset を使って前置きしておくことができます。（例文 1）

また、前置きではなく実際に過去に何か相手に不快な思いをさせてしまった可能性があるときに、謝罪の言葉や気遣いの言葉とともに使うこともちろんできます。（例文 2、3）

「機嫌を損ねる」「気分を害する」「落胆させる」という意味で広く使える単語なので、覚えておくとよいでしょう。

《《今日の例文》》

1 I don't want to upset you, but they've turned down your offer.
   気を悪くしないでほしいんだが、相手は君の申し出を断ってきたよ。

2 I apologize I upset you the other day.
   先日は不愉快な思いをさせてしまってすみませんでした。

3 We hope that our proposition did not upset you in any way.
   私どもの提案でご気分を害されるようなことがないようにと願っております。

《《今日の単語、おかわり！》》

turn down	断る
apologize [əpálədʒàiz]	わびる
proposition [pràpəzíʃən]	提案
not ~ in any way	少しも~ない

第2週

expect とその仲間たち

《 今週の単語 》

expect

wait

look forward to

hope to

await

日常生活でもビジネスでも、私たちはさまざまな場面で「待つ」ことをします。上司が出社するのを待つ、相手からの電話やファックスを待つ、取引先が来るのを待つ、企画の承認がおりるのを待つ…などなど。

「待つ」という意味のもっとも一般的な英（単）語には「wait for」が挙げられるかもしれませんが、やはりいつもいつも「I wait for...」「Please wait for...」で済ますのではなく、場面場面に合った言い回しを使い分けたいものです。…というわけで今週は「待つ」がテーマ。ニュアンスの違いに注意して学びましょう。

《《今日の単語》》

expect
「期待する」[ikspékt]

　シリーズ最初のボキャは「expect」。「待つ」という意味ではあまり聞いたことがない、という方もいるかもしれませんね。ではさっそくロン解の定義を見てみましょう！

"to believe that someone or something is going to arrive（人あるいは物事がまもなく到着すると信じている）"

　wait という単語こそ使っていませんが、誰かまたは何事かの到着を待っている状態、それを expect しているというわけですから、つまりはその「誰かまたは何事か」を待っている、ということになります。
　wait との違いはまた改めて解説しますが、wait が何かが起こるまで「待機する」という意味であるのに対し、今日の expect は「来ると信じ（て待っ）ている」予期や確信を表現する語である、というのが特徴です。予定や約束や、その他のれっきとした根拠があるゆえに、「来る」と思って待っている状態、その場合に「expect」を使うことができます。

《《今日の例文》》

1 We're expecting Mr. Johnson this afternoon.
午後はジョンソン氏がいらっしゃる予定です。

2 I'm expecting an e-mail from my client today.
今日取引先からのEメールが来るのを待っている。(→今日メールをもらう約束をしている)

《《今日の単語、おかわり！》》

client [kláiənt]　取引先

〈今週の単語　expect ／ wait ／ look forward to ／ hope to ／ await〉

《《今日の単語》》

 **wait**
「待機する」[wéit]

"to stay somewhere or not do something until something else happens, someone arrives etc（あることが起きたり誰かが到着するまでの間、ある場所に留まっている、または何もしないでいる）"

前回の expect の解説中で「wait が何かが起こるまで『待機する』という意味であるのに対し、今日の expect は『来ると信じ(て待っ)ている』予期や確信を表現する語である」と書きました。予期や確信、予定を表現する expect と wait が違う点は、wait は expect されている物事が起きるまでの間、「待機」している「状態」を指す言葉である、ということでしょう。

expect しているというのはあくまで予定あるいは可能性として念頭に置いている、というだけであって、その間ほかの仕事をしたり別の人と会ったり予定をこなしたりしているわけですが、wait と言った場合は、その物事に関しては何も進展や処理が行われないで対応そのものが待機状態になっている、ということになります。

expect Mr. Sakaguchi
　は、「坂口氏の来訪がある（予定である）」ということに過ぎませんが、

wait for Mr. Sakaguchi

と言った場合には、「坂口氏」が来ないと会議を始められなかったりどこかへ出発できなかったりするという理由で、そういった本人やその代理や組織全体が「坂口氏に関連した物事の進行を保留してじっと待っている」というニュアンスになります。

もちろん、関係者が右から左に文字通り仁王立ちになって直立不動の姿勢で坂口氏を待ち構えているということではないにしても、当該の物事の進行や処理や対応が一部であれ全部であれ遅れたり保留になったりする場合には「wait」を使うのがよいでしょう。

ちなみに、wait は自動詞なのでその後に wait する対象を言うには前置詞の for を用いることを忘れずに。

《《今日の例文》》

1 We've been waiting for your reply.
お返事をずっとお待ち申し上げているのですが。(→返事をもらわないと作業を進められない)

2 When you wish to make some remarks, please wait for the chairman to finish his statement.
発言を希望される場合は司会者が話し終わるまでお待ちください。

《《今日の単語、おかわり！》》

reply [riplái]		返事
remark [rimá:rk]		意見
chairman [tʃéərmən]		議長
statement [stéitmənt]		言葉

〈今週の単語　expect ／ wait ／ look forward to ／ hope to ／ await〉 **031**

《《今日の単語》》

☞ look forward to
「〜を楽しみにする」

"to be excited and pleased about something that is going to happen（これから起ころうとしている物事について、ワクワク喜んでいる)"

予定として念頭に置く、来ると確信している、という意味での「待つ」がexpect、待機する、という意味での「待つ」がwait for。では今日のlook forward toは、というと、これはいわばお馴染みの表現ですので、ほとんどの方は使ったことがあるのではないでしょうか。

We are looking forward to seeing you next week.
来週お会いできるのを楽しみにしております。

という具合に、期待や楽しみや喜ばしい気持ちを込めて「待つ」「楽しみにする」「心待ちにする」というときに使う表現（句動詞）です。
用法で間違いやすいのがforward to... の「to」ですが、これは不定詞（〜すること）のtoではなくて前置詞の「to」です。ですからこのtoの後は名詞または動名詞（ing形）になることを覚えておきましょう。

《《今日の例文》》

1 We do look forward to his annual visit.
彼が毎年訪問するのをとても楽しみにしている。

2 I look forward to hearing from you in the near future.
近々お返事をいただけるものと楽しみにしております。

《《今日の単語、おかわり！》》

annual [ǽnjuəl]　年1回の
in the future　近いうちに

《《今日の単語》》

hope to
「〜できればと思う」

wait とは少し違った意味合いの単語に思われるかもしれませんが、まずはロン解を。

"to want something to happen or be true and to believe that it is possible or likely（あることが起きてほしい、または本当であってほしいと思い、それが可能である、そうなるだろうと信じる)"

「待機する」という意味の wait からは少し意味的に遠ざかりますが、最初に学んだ「expect」と比べると、これから起ころうとする物事を信じて待つという意味では非常に近いといえるでしょう。ただ、expect との違いは、expect が「予定」や「約束」といったほぼ確定した未来の出来事を想定していたのに対し、今日の「hope」は、まだ確定していない未来の出来事を想定している、という点です。

hope を安易に「希望する」と訳してしまうのはおすすめしませんが、未確定の出来事を想定する、望むという意味では確かに「希望」です。さらに、気持ちの入れ具合という観点で見ると、expect は「予定を念頭に置く」程度のものでしたが hope は「そうなってほしい」と願う気持ちが入ってきます。その未来の出来事を、未確定だけど（だからこそ）こうなってほしい、と希望して、よい結果を待ちわびているようなときは、hope を使って表現します。

《《今日の例文》》

1 **We're hoping that this new line of product will increase our sales.**
今回の新製品で売り上げが伸びるものと期待している。

2 **We are hoping to see you sometime next week.**
来週のいつか、お会いできればと思っています。

《《今日の単語、おかわり！》》

line [láin] 商品
product [prádəkt] 製品
increase [inkrí:s] 増える

〈今週の単語　expect ／ wait ／ look forward to ／ hope to ／ await〉

《《今日の単語》》

await
「心待ちにする」[əwéit]

"to wait for something(何かを待つ)"

　シリーズ最後の await は、言ってみれば wait のフォーマル（形式的）バージョンです。

　単語そのものは wait の頭に「a」がくっついただけですが、これでかなりかしこまった響きになります。そもそも wait も await も語源は一緒で「waiter」または「guaiter」というアングロフランス語から来ています。Webster によるとその意味は「to watch over（見守る）」で、見守る→じっと見る→（期待を込めて）見る→待つ、という具合に意味が変化してきたようです。

　実を言えば expect も、語源は「外（前方）を見る」という意味のラテン語 exspectare ですので、wait も expect も look forward to も await も、「見る」という意味が大本にあると考えると興味深いですね。

　さて、await の用法としては、形式的な言い方ですからビジネスでも普段使いには向いていません。誰かのメールを待つとか来訪を待つとか承認を待つという場合には通常 wait for や expect を使いましょう。await は式典とか大きな会合のような改まった席や形式的な文書、レター等でよく使われます。そういう場でスピーチや司会や何らかの発言の機会があったときには、ここぞというときにぜひ、wait for の代わりに await を使ってみてください。

　ちなみに await は wait と違って他動詞ですので、前置詞などをかませずに直接、名詞を取ることができます。

《《今日の例文》》

1 We are awaiting instructions from the committee regarding further responses.
今後の対応について委員会の指示を待っている。

2 The conference room was filled with reporters awaiting the president's arrival.
会見場は理事長の到着を待つ記者たちでいっぱいだった。

《《今日の単語、おかわり！》》

instruction	[instrʌ́kʃən]	指示
regarding	[rigáːrdiŋ]	〜について
further	[fə́ːrðər]	さらなる
conference	[kánfərəns]	会議

第3週

thank とその仲間たち

《 今週の単語 》

thank

appreciate

be grateful for

hold ~ in high regard

understand

ビジネスにおいては、「ありがとうございます」「お世話さまです」「感謝申し上げます」とお礼やねぎらいの言葉を交わす機会も多くあります。「ありがとう」といえば「Thank you.」がまず出てくると思いますが、今回は単なるお礼に留まらず、相手の尽力や対応、言動に対するこちら側の認識を表現する言い方を学んでみましょう。

《《今日の単語》》

☞ thank
「お礼する」[θǽŋk]

　最初の単語「thank」はあまりにも一般的ですが、ロン解では次のように定義しています。

"to tell someone that you are pleased and grateful for something they have done, or to be polite about it（相手の人がしてくれたことに満足しており感謝や恩義を感じていると伝える、または相手がしてくれたことに対して礼をつくす)"

　感謝や恩義の気持ちを表現すること、あるいは礼儀で返すこと、どちらも thank ということですから、実際には感謝の気持ちや恩義を感じていなかったとしても、形式的にお礼を返すことも thank になります。

　感謝の言葉や形式上のお礼でお返しをする、そういう形で相手のしてくれたことに対するこちら側の認識を示しているわけですが、形式的なお礼も深い心からの感謝もどちらも thank で言い表せるのですから、thank は単語としてはとても広い意味を持っていると言えます。それだけに、thank ばかり多用すればするほどその意味が薄っぺらになってしまう危険がありますので注意が必要です。相手に対するこちらの認識の程度や種類に応じて、後に続くボキャブラリーを使い分けられるようになりましょう！

《《今日の例文》》

1 We thank you for your kind consideration on this matter.
この件に関して御社のご親切な配慮に感謝申し上げます。

2 I'd like to thank every one of you for your participation.
ご参加くださった皆様方お一人お一人に感謝申し上げます。

《《今日の単語、おかわり！》》

consideration [kənsìdəréiʃən]　思いやり
matter [mǽtər]　事柄
participation [pɑ̀ːrtisəpéiʃən]　参加

〈今週の単語　thank ／ appreciate ／ be grateful for ／ hold ~ in high regard ／ understand〉

《《今日の単語》》

☞ appreciate
「ありがたみを感じる」[əprí:ʃièit]

"used to thank someone in a polite way or to say that you are grateful for something they have done（相手に丁寧に感謝するとき、または相手がしてくれたことに対してありがたく思っているというときに使われる言葉）"

さっそく前回の「thank」が出てきました。定義そのものは thank のそれとたいして変わりないように思えますが、実際面での違いをいえば、thank は普段使いも形式的な場でも使えるのに対し、appreciate はややかしこまった場面または場所で使われることが多い単語です。

意味の違いを考えてみると、thank は語源が「知っている」という意味のラテン語で、相手の行為に思いを留めるという意味合いを持っているのに対し、appreciate は語源が「価値、対価」という意味のラテン語で、より相手の行為の価値を認め、評価するという、受け手側の認識が強調されているといえるでしょう。

この点は appreciate の第一義に定義されている基本の意味を読むとよく分かります。

"to understand how serious or important a situation or problem is or what someone's feelings are（状況や問題の深刻さ、または重要度を理解する、あるいは他者の感情を理解する）"

相手がしてくれた行為の価値や大切さをよくよくかみしめてい

る、という気持ちを強調したい場合には、thank だけでなく appreciate という単語を使ってみるとよいでしょう。

　唯一の注意点としては、時として相手のおせっかいや邪魔を敬遠するときに皮肉を込めて appreciate を使う場合がある、ということでしょうか。もちろん、本当に感謝している気持ちを素直に表現してさえいれば、誤解されて皮肉と取られるようなことはまずありませんのでご安心を。

《《今日の例文》》

1　I really appreciate your advice the other day - it was very informative.

　先日はアドバイスを本当にありがとうございました。とても参考になりました。

2　Your generous cooperation on this matter is much appreciated.

　この件に関わる貴社の寛大なご協力には大変感謝いたしております。（協力が今現在不十分である場合に、遠まわしに一層の協力を求めるために使うこともある）

《《今日の単語、おかわり！》》

informative [infɔ́rmətiv]　　有益な
generous [dʒénərəs]　　寛大な

《《今日の単語》》

☞ be grateful for
「ありがたいと思う」

"feeling that you want to thank someone because of something kind that they have done, or showing this feeling（人が自分のためにしてくれた親切に対して感謝したいと感じている、またはそのような気持ちを表現している）"

今日の grateful、実は既出の2つの単語の定義中に出てきていた表現です。語源を見ると「満足している、喜んでいる」という意味のラテン語 gratus から来ていますが、「褒める」という意味のサンスクリット語（！）grnati とも関係があるとのことなので、「嬉しい、ありがたい」と思う気持ちプラス、相手の親切を積極的に評価したい、褒めたいという気持ちが加わっていると考えられます。

実際の場面では thank とほぼ同じ意味として使われることが多いようですが、上記の grateful の語源 gratus からは「（神の）恩寵」という意味の grace という単語が派生していることもあり、thank や appreciate と比べて grateful には、どこか神々しく純粋な響きがあります。ともすると thank も appreciate も形式上のお礼としてだけで使われることがありますが、grateful は基本的には本当に心の底から「ありがとう」と思っている場合に使われる単語です。

相手から thank とか appreciate でお礼を言われた場合、その状況や他の表現によってはそれだけでは喜べないことも、もしかするとあるかもしれませんが、もし grateful と言ってもらえた

ら、相手は本当にこちらの行為をありがたいと受け止めてくれたと喜んでいいと思います！

grateful は形容詞ですので、「感謝している」と言うときには be 動詞とセットで使います。感謝していることの内容を後に続ける場合は、後にくる単語が名詞なら前置詞 for（例文 1）、主語＋動詞の文章なら that 節を使います（例文 2）。感謝している対象（人）を後に言う場合は、前置詞 to が必要です。

《《今日の例文》》

1 I'm really grateful for everything you've done for me.
わたしのためにいろいろしてくださって本当にありがとうございます。

2 We are extremely grateful that you helped us clinch this deal.
この商談を成立させるうえでご助力いただいたことに大変感謝しております。

《《今日の単語、おかわり！》》

extremely [ikstríːmli]　極度に
clinch [klíntʃ] **a deal**　取引をまとめる

《《今日の単語》》

☞ hold ~ in high regard
「高く評価する」

"[uncountable] respect and admiration for someone or something（[不可算] 人または物事に対する敬意と称賛)"

上は regard のロン解です。

感謝なのに敬意？ 称賛？ と思われた方もいるかもしれません。が、grateful の語源に関係していたサンスクリット語が「褒める」という意味だったことを考えても、感謝の気持ちと称賛や敬意は無関係ではありません。

ここでは「hold ~ in high regard」で、「～を敬服する、敬う」という意味の表現で使いますが、単に「ありがとう」という気持ちに留まらず、相手や相手の行為をすばらしいと思って称賛する気持ち、高く評価する気持ち、信頼や信用の気持ちが強い場合は、thank や grateful ではなくこちらの表現がより適切と言えます。

appreciate は「価値を認める、評価する」という意味が含まれていましたので、どちらかというと regard 寄りの意味合いですが、それでも今日の表現は「high regard」ですので appreciate よりはずっと評価や認識が高くなります。

《《今日の例文》》

1 We always hold your advice in high regard.
あなた様のアドバイスはいつも大変ありがたく心から信頼しております。

2 Candid opinions from employees are held in high regard in my company.
わが社では社員の率直な意見を歓迎し大切にしている。

《《今日の単語、おかわり！》》

candid [kændid]　包み隠しのない

《《今日の単語》》

☞ understand
「理解を示す」 [ʌ̀ndərstǽnd]

"to realize how someone feels and why they behave the way they do, and to be sympathetic（人が感じていることやその人が特定の言動をする理由をはっきりと理解し共感すること)"

前回に引き続き、理解？ 共感？ と、感謝との関連にハテナと思われた方もいらっしゃるかもしれません。

上記のロン解は定義の3番目ですが、understand の基本の意味はもちろん「理解する、分かる」です。では一体どんな「感謝」の場面で understand を使うのか？ というと、それは「感謝まではいかないけれど、相手の努力やよい意図は認める、理解できる」というとき。

ちょっとシビアな現実として、親切や尽力してくれたことは認めるし評価するが事実上必要ではない、不足である、ということは実際に生じます。だからといって「困る」「不要」と言ってビジネス関係を悪くするわけにはいかない。そんなときには、とりあえず相手の気持ちはありがたいけど「本当に求めたいことは他にある」ということを暗に伝えるために understand を使うのです。

この点、appreciate は感情的なありがたい気持ちのほかに「評価する」という意味合いがあったことを考えると、understand は appreciate の「より個人的な感情が入っていないバージョン」という感じでしょうか。

《《今日の例文》》

1 We do understand your prudent remarks, but we cannot stray from corporate policy.
思慮深いご意見はありがたく頂戴いたしますが、私どもとしましては社の方針からそれるわけにはいかないのです。

《《今日の単語、おかわり！》》

prudent [prú:dənt]　　慎重な
stray from　　　　　　〜からはずれる
corporate policy　　　法人の方針

〈今週の単語　thank／appreciate／be grateful for／hold 〜 in high regard／understand〉

第4週

happy とその仲間たち

《 今週の単語 》

happy

glad

thrilled

delighted

pleased

ビジネスでも、たとえば社外の人と会うときなど「お会いできて嬉しい」というときには、

I'm glad to see you.

I'm happy to meet you.

といった表現を皆さん使っておられると思います。でも、いつもいつも glad や happy だけですと、表現に限りができてしまいます。相手と会う理由やシチュエーションによっては、嬉しいどころか「感激した」「心から楽しかった」と言いたいときなど、この2つでは表現し切れませんし、自社にとって重要な契約をやっと結べたような相手には、happy とか glad なんかでは当然足りません。

　それでは今週は、「嬉しい」の表現を磨きましょう！

《《今日の単語》》

☞ happy
「嬉しい」[hǽpi]

"having feeling of pleasure, for example because something good has happened to you（たとえば何かよいことが身に起きたときのように、喜びの感情を持つこと）"

大変分かりやすい！ …そして、それだけに、広すぎる（涙）。「嬉しい」「楽しい」という場合、使おうと思えばすべての場合に使えるくらい、このhappyは広義です。

ですので、「無難な」「日常の」場面において、シンプルに「嬉しい」と表現したいときには、このhappyがもっとも使われています。

ですが、その「無難さ」のゆえに、誰か特定の人が、特定の場面で、特定のことをしてくれたようなときに、自分の嬉しい気持ち、感謝の気持ちなどを「happy」と表現するのは、やや淡白すぎてしまいます。

それで、ビジネスでも普段から比較的よくコミュニケーションがあって、通常のルーチンの範囲内で会うようなときには、

I'm happy to see you.

とサラリと伝えてOKですが、なかなか会えない相手に会うときや、自分や自社にとって重要な場、または何かしらのメリットがあるようなケースでは、もっとインパクトのある表現を選ぶのがよいといえるでしょう。

…とはいえ、happy以外の単語が思いつかないよ～！　といった万が一の場合には、裏技？　的に、アクセントと表情をオーバーに使って言ってみるというテはあります。

I'm SO　HAPPY to see you!

　↑これを、目玉が飛び出さんばかりの表情（！）で、大文字の単語を他の単語の２倍くらいの強さで、かつ２倍くらいの時間をかけて、「ァィ（ム）ソーゥハーピィ　トゥC・U」のような感じで言うと、「ほんっとうに嬉しかったです！」というニュアンスになります。
　アクセントを駆使して表現の幅を広げるのは英語が「音の言語」であるゆえの利点ですが、かといってボキャブラリーが乏しいままでいいということではありませんから、引き続き語彙力の増強もがんばりましょう！

《《今日の例文》》

1 **I'm happy to see you again.**
   また会えて嬉しいよ。

2 **What's cooking? You look so happy.**
   どうしたの？　とっても嬉しそうな顔して。

《《今日の単語、おかわり！》》

what's cooking?　変わったことはないか

〈今週の単語　happy ／ glad ／ thrilled ／ delighted ／ pleased〉

《《今日の単語》》

☞ glad
「満足して嬉しい」[glǽd]

　さて、今日ボキャの「glad」ですが、これも happy に次ぐくらいポピュラーな単語でしょう。意味も非常に近いですが、それでもやはりニュアンスの違いというものが確かに存在します。

"pleased and happy about something（あることについて、満足し嬉しく思うこと）"

　ロン解中に、シリーズ最後に出てくる予定のボキャ「pleased」がありますね。詳しい解説は後のページにゆずるとして、大まかな意味は「満足する」です。
　前出の「嬉しい」という気持ちに「満足」が加わったもの、それが glad。happy が、「何かよいことが起きたときなど」に感じる感情、とやや漠然としていたのに対し、この glad は、満足、つまり、当人の中にあらかじめ何らかの「期待」や「願望」「希望」のようなものが（無意識的にであれ）あって、それが叶った（満たされた）ために起こる感情のことです。
　もともと自分が願っていたり、希望していた、具体的なものでなくても、いいことが起きればそれはとりあえず、嬉しい、つまり happy ですよね。
　でも、「こうなったらなぁ」「こうしたいなぁ」「あれが欲しいなぁ」と思っていたところへ、まさにそのことが起きたとき、それは glad ということができます。もちろん、happy には違いないので、happy と言ってもＯＫ。ただ、glad のほうが、「満足」

や「感謝」のニュアンスが出せるのです。
　ずっと会いたいと思っていた人同士が会うときは、glad のほうが多く使われます（例文1）。それに対して、まったく初対面の人同士が会ったときは、glad よりも happy が多く使われます。ただし、初対面でも、会った後に意気投合し、有意義な時間を過ごしてから別れるような場合は、感謝や満足の気持ちが生じているので、「I'm glad to see you.」と言うことが多くなります。

"Well, I've thought through your remarks, and I now feel that I should respect your advice."
「いただいたご指摘をよくよく考えてみたんですが、やはりおっしゃるとおりにするのがよいと思いました」
"Oh, I'm glad to hear that."
「それはよかった。考えてくれてありがとう」

　↑ glad なのに、なぜ「ありがとう」？　と思ってしまいますね。glad の中には「嬉しい」「よかった」「ありがとう」「満足」といった気持ちが含まれているので、受け応えとして上のように言うときは、ニュアンスとしてこうした意味合いになります。
「嬉しい」気持ちに加えて「満足だ」「ありがたい」という気持ちを強調したいときは、glad を使ってみるとよいでしょう。

《《今日の例文》》

1　"Hello, Mr. Johnson, it's been a long time."
　　"Oh, Mr. Matsuda, I'm so glad to see you!"
　「ジョンソンさん、ご無沙汰しております」
　「どうも松田さん、お会いできて嬉しいです！」

《《今日の単語》》

☞ thrilled
「大感激して」 [θríld]

「スリル」と聞くと、ホラー映画とかアクション映画を想像してしまいがちですが（わたしだけ？）、もともとの意味はそれとはかなり違います。

"very excited, happy and pleased（非常に興奮し、幸福で、満足していること）"

今日の thrilled は、単純に考えてこれまでの２つ（happy と glad）に「興奮」を足した感情、ということができそうですね。

Webster で thrill の語源を見てみると、「〜を通って」という意味の古英語 thurh から「穴」という意味の同じく古英語 thyrel へ、さらに thyrlian を経て「穴を開ける」という意味の中世英語 thirlen に変化し、現代英語の thrill に至ったようです。

どれも「穴を開けて（中を）通る」といった意味ですが、その後の Webster の定義を見ると、出来事や知らせなどがあたかも自分の心や胸を貫通するかのような衝撃をもたらす、そんな意味合いで「感激する」とか「興奮する」という意味になっているようです。

一か八かで駆け引きしてみた結果、最高の取引ができた！　とか、それこそ大統領とか（まぁそこまででなくても）会長とか、普段めったにお目にかかれないような人に会ったときなんかは、まさに thrilled！　と言うにふさわしい気持ちでしょう。

また、I'm thrilled... などと使う以外に、思いがけないお誘いな

どを受け入れるときの言い方として「I'd be thrilled!（大感激です！）」という使い方もしますので、覚えておくといいですね！

《《今日の例文》》

1 **We're thrilled to have closed a contract with you.**
御社とご契約できて感激しています。

2 **Participants were all thrilled to have such meaningful exchanges of opinions.**
参加者はみな有意義な意見交換ができたことに感激していた。

《《今日の単語、おかわり！》》

close a contract　　　契約を結ぶ
meaningful [míːniŋfl]　意義のある

〈今週の単語　happy／glad／thrilled／delighted／pleased〉　**057**

《今日の単語》

☞ delighted
「大喜びして」[diláitid]

日常、happy や glad ほどは頻繁(ひんぱん)に使われないかもしれませんが、それでも「嬉しい」を語るのに、この語を無視しては語れません。

"very pleased and happy（非常に満足し、嬉しく思うこと）"

と、このうえなくシンプルなこの定義からも分かるように、前々回の glad に「very」がついてパワーアップしたもの、それが delighted です。

そういう意味では、前回の thrilled と同じような意味になるのかというと、thrilled のほうは「ワクワク」「ゾクゾク」に近いのに対し、delighted は「ウキウキ」といった感じになる点が異なります。

delight の語源はラテン語で「魅惑する、唆(そそのか)す」という意味の de- + lacere。ビジネスなのに魅惑って！

官能的な花の香りでホワ〜ンといい気分になるような、絶世の美女や世界的イケメン（誰だそれ）にうっとりテレ〜ンと見とれてしまうような、心ときめく気持ち。

まぁもちろん、いくらなんでも字義的にそんな感情になることはビジネスではない（はず）ですが、いってみれば心が奪われるくらいの喜びや嬉しい気持ちを表現したいときは so happy! なんて月並みな言い方ではなく、delighted! というとよいでしょう。（例文1）

058

be delighted to ～で、「喜んで～する」「～できて嬉しい」という言い方もありますので覚えておきましょう。(例文2)

《《今日の例文》》

1 **We are delighted that you chose KB Factory and look forward to a long and prosperous business relationship.**
   KBファクトリーをお選びいただき大変光栄に存じます。今後ともどうぞよろしくお願い申し上げます。
   (手紙などの挨拶で)

2 **We are delighted to have you as our guest tonight.**
   今晩あなた様をお招きでき、心から嬉しく思います。
   (このように、フォーマルな場での歓迎や挨拶にも delighted はよく使われます)

《《今日の単語、おかわり！》》

prosperous [prásparəs]　繁栄している

〈今週の単語　happy / glad / thrilled / delighted / pleased〉

《《今日の単語》》

☞ **pleased**

「満たされた」[plíːzd]

ラストの単語は pleased です。前出のいくつかのボキャの英語解説の中にすでに出てきている単語なので、基本的な意味としての「満足する」については、皆さんすでに把握していただいているとおりです。

ロン解によると、

"happy or satisfied（幸福な、あるいは満たされた）"

とあり（これまたシンプル）、happy のような広い意味での「嬉しい」のなかでも、「満たされた」という満足の気持ちが強い場合、この pleased を使います。ただ、pleased については、どちらかというとイギリス英語で使われることのほうが頻度が高いようです。

satisfied（満たされた）については、

"pleased because something has happened in the way that you want, or because you have achieved something（自分が求めていた形であることが起きたため、あるいは何かを達成したために、満足すること）"

と定義されていますので、pleased の「満たされた」感情は、自分の期待や希望、目標が叶ったときに起きる感情であることが

分かりますね。
こう見ると、
・いいことが起きて嬉しいときは、すべて happy。
・具体的な出来事に対して、感謝や満足の気持ちが加わると、glad。
・上の2つに「興奮」が加わってパワーアップしたのが、thrilled。
・興奮まではいかないけど、glad よりも強くときめくような嬉しい感情が、delighted。
・希望が叶ったり、目標が達成できて、満足の気持ちが強いと、pleased。
となります。
「嬉しい」にもいろいろあるなぁと気づかされますね。

《《今日の例文》》

1　I'm very pleased with my new office.
新しい勤務先にはとても満足している。

2　I'm pleased with my staff's performances.
部下の働きには満足している。

《《今日の単語、おかわり！》》

performance [pərfɔ́ːrməns]　業績

第5週

plan とその仲間たち

《 今週の単語 》

plan

schedule

arrange

organize

set up

朝礼、会議、打ち合わせ、商談、来客、さらには出張やイベント、商品のリリースなどなど、仕事というのは「予定」や「計画」でいっぱい！　です。今シリーズでは「～の予定である、～を取り決める、計画する」という、未来の出来事をあらかじめ整えるときの表現を学びます。

《《今日の単語》》

☞ plan
「予定する」[plǽn]

"to think carefully about something you want to do, and decide how and when you will do it (自分がしたいと思うことについてよく考え、いつどのようにそれをしようか決める)"

　日本語では「予め定める」と書いて「予定」と言いますが、英語も概念はやはり同じですね。

　とても興味深いのが plan の語源。Webster で調べると、ラテン語の「plantare（植える、ある場所に固定する）」を経て、元々は「植物」を意味するラテン語 planta に行き着くのです。

　植物を植えると、双葉からだんだん葉っぱが増えて、徐々に背丈が伸び、段階的に成長してついに花を咲かせ実をならせます。今日の動詞 plan も、「いつこれをして、次にあれをする」と段階的に手順を考え、物事を取り決める、そんなニュアンスを持っていますので、その辺がこの語源と通じるところなのかもしれません。

　あるいは、農業をしている人が「いつごろ何の植物（野菜）を植えよう」と計画を立てる、そんなところからきた単語なのかもしれません。まだ見ぬ未来という土壌にある出来事を「植え付け」る、というイメージでしょうか。

　いずれにしても、自分が想定している物事を将来いつどのように実現するかを考え決定する、それが plan の基本の意味になります。

《《今日の例文》》

1 An interview is planned for next week.
来週取材の予定があります。

2 The meeting went just as planned.
会議は予定通り運んだ。

《《今日の単語、おかわり！》》

just as　ちょうど〜の通りに

《《今日の単語》》

☞ **schedule**
「予定を立てる」[skédʒu:l]

"[transitive usually passive] to plan that something will happen at a particular time([他動詞・通例、受動態]ある物事が将来の特定の時に起こるように予定する)"

前出の plan がさっそく出てきました。あらかじめ定める、という plan の意味に加え、今日の schedule には「at a particular time(特定の時に)」という、予定の時間やタイミングが念頭に置かれているのが特徴です。

plan の解説にあった、計画して準備するという意味合いよりは、「いつ」そのことが予定されているか、ということを強調するための表現で、通常は受身で、実際の日時や年月、曜日などとセットで使われることが多いです。直接「いつ」という時間やイベントなどの名詞を導くには前置詞 for(例文1)、動詞を導く場合は to 不定詞(例文2)を使います。

be scheduled for March 10
3月10日に予定されている

be scheduled for Saturday
土曜に予定されている

be scheduled for release in Spring
春にリリースされる予定だ

…のように。

もちろん必ずセットで言わないといけない、ということではありませんが、schedule のニュアンスとして、話し手の中ではすでに「いつ」というはっきりとした時間がイメージされているということがポイントですので、日時も時間も年月さえも定まっていないのに sheduled と言うと、「Scheduled when?（で、それはいつ？）」等と聞かれて困ってしまうかもしれませんのでご注意を！

《《今日の例文》》

1 The convention is scheduled for June 21.
総会は6月21日の予定です。

2 The party is scheduled to start on the evening of August 1.
パーティは8月1日の晩に始まる予定です。

《《今日の単語、おかわり！》》

convention [kənvénʃən]　集会

《《今日の単語》》

☞ arrange
「お膳立てする」[əréindʒ]

"to organize or make plans for something such as a meeting, party, or trip（会議やパーティ、旅行などの何らかの物事のために組織したり予定を立てたりする）"

「make plans ＝ 予定を立てたり」で plan と同じ意味じゃないの？　と思うかもしれませんが、ちょっとマッタ。

たしかに arrange には予定を立てるという作業が含まれていますが、arrange の特徴は予定を立てる以外のいろいろな作業が含まれている、という点。つまり plan することも含め、何かの出来事を実施するために必要ないろいろな準備を行う、という意味なのです。ロン解中にある organize の意味を次で扱う際にも触れますが、言ってみればあることの「お膳立てをする」ということ。

たとえば出張（business trip）を arrange するという場合は、いつどこへ行くという予定を立てる（plan する）ことや時間割で当日の行動の予定を立てる（schedule する）だけでなく、行き帰りの飛行機のチケットを取ったり、空港までのタクシーを手配したり、行動の途中途中で必要になるであろう連絡や訪れる相手先にあらかじめ挨拶をしておくなど、出張にまつわるありとあらゆる準備や手はずを整えておく、ということになります。

会議（meeting）の場合も同じ。何月何日何時からどこの部屋で会議です、という予定を立てるだけなら plan または schedule ですが、そのために必要な諸々の連絡や資料の準備やメンバーの

調整等までするのが arrange。

予定を立てるだけでなく準備や手はずも整える場合は、plan ではなく arrange のほうを使うようにしましょう。

《《今日の例文》》

1　Please arrange that we could stay at a nearby hotel.
近くのホテルに泊まれるように手配してください。

2　A meeting with the sales manager is arranged this afternoon.
営業部長との会議が午後に設定されている。

《《今日の単語、おかわり！》》

nearby [níərbái]　近くの

《《今日の単語》》

☞ **organize**
「手配する、組織する」[ɔ́:rgənàiz]

"to make the necessary arrangements so that an activity can happen effectively（必要な取り決めをしてある活動が効率よく実現するようにする)"

arrangement が前回の arrange とダブってしまうようですが、念のためロン解を引用すると、

"plans and preparations that you must make so that something can happen（あることが起きるようにするためにしなければならない計画と準備）"

となっていて、まさに、予定すること＋準備すること。そういう意味では organize = arrange という感じもしますが、organize のほうが「ある活動が効率よく実現するように」効果的に物事を取り決め手配する、というニュアンスです。

organize の語源はギリシャ語の organon ですが、これは「(目的を持った)道具、器具」という意味です。ここから、単に準備をする、という以上に、ある目的を達成するため首尾よく効果的に、というちょっとストイックな？ ニュアンスが生まれているようです。arrange よりも無理や無駄がなく組織だった感じとでもいいましょうか。このように、より組織的に手順をふまえて何かの計画を立て準備をする場合は、arrange よりも organize のほうが向いていると言えるでしょう。

《《今日の例文》》

1 **You need to organize your notes carefully to give a successful speech.**
スピーチを成功させるには、原稿を注意深く準備することが大切だ。

2 **I've been asked to organize a company outing.**
社内旅行を計画するよう頼まれた。

《《今日の単語、おかわり！》》

notes [nóuts]　草稿
outing [áutiŋ]　小旅行

《今日の単語》

☞ set up
「計画する、設定する」

"to make the arrangements that are necessary for something to happen（あることが起こるのに必要な取り決めをする）"

ん？　どこかで同じ定義を読んだような…と書いている自分で思ってしまいましたが、前出の organize の定義の前半部分とほぼ同じ内容でした。単純に内容を比べると、「(活動が) 効率よく運ぶように」という説明があるかないか…ということは、organize ≒ arrange でしたから、set up は arrange と同義語ということに…。

たしかに、set up は arrange ととても近い意味の動詞句です。実際の場面では、ほとんど入れ替え可能な感じで使われているように思います。とはいえ、ではまったく同じかというとやはり違っていて、微妙なニュアンスの違いがあります。

set は語源が古英語 settan（据える、固定する）で、「sit（座る）」と親戚のような関係です。ある位置に固定し、据える、という意味から set up と言った場合は arrange よりも固定的な印象があります。arrange の日本語訳が「お膳立てする、準備する」だとすると、set up は強いて言うなら「設定する」という感じでしょうか。

後から動かせないわけではないにしても、日付から内容からある程度すでに固定された、確定的なニュアンスがあります。ですので、予定を言うにしてもそこそこ近い未来の予定に使われるこ

とが多いフレーズです。

《《今日の例文》》

1　She set up an appointment for me.
彼女が代わりに約束を取り付けてくれた。

2　A meeting with ABC Company has been set up.
ABC 社との会合の日取りが決まった。

第6週

advise とその仲間たち

《 今週の単語 》

advise

inform

notify

caution

let know

「~と話す」「告げる」「伝える」という意味のもっとも一般的な単語は「tell」です。仕事でも、「報告・連絡・相談（俗にほう・れん・そうのルール、などという）」というくらい、意思伝達や用件の伝達は欠かせません。ただし、いつもいつも tell では、場合によってはしっくりこなかったり、時にはくだけすぎて聞こえることもあります。

　というわけで今シリーズでは「伝える、告げる」という意味の表現を磨きましょう。

《《今日の単語》》

☞ advise
「伝える」[ədváiz]

"[formal] to tell someone about something（[形式的] 人に、ある事柄について伝える）"

　advise というと「アドバイスする」という意味ばかりと思いがちですが、こんな意味もあります。というか、仕事上のやり取りでは、特に文書やメールなどの通信上のやり取りで、この「advise」をよく使います。
　定義中に tell とあるとおり「人に何かを伝える」という意味の他動詞で、また定義の冒頭に「formal（形式的）」とあるように、商談や会議などの席、あるいは普段使いでもビジネスレターなどでは tell よりも advise のほうがよく使われているくらいです。
　用法としては、

advise 人 of ～
advise 人 that ～

　という使い方があり、どちらも「人に～と伝える、～のことを告げる」という意味です。

《《今日の例文》》

1 Please advise us of the date of your visit ASAP.
ご来社の日付を至急ご連絡ください。

2 We will keep you advised of the progress of the negotiation.
交渉の進捗（しんちょく）状況については随時お知らせします。

3 Please be advised that we will remit all payments by TT.
支払いはすべて電信扱いでお送りしますのでご了承ください。

《《今日の単語、おかわり！》》

ASAP (= as soon as possible)	できるだけ早く
progress [prágres]	進捗
negotiation [nigòuʃiéiʃən]	交渉
remit [rimít]	送金する
TT = telegraphic transfer	電信（送金）

〈今週の単語 advise / inform / notify / caution / let know〉

《《今日の単語》》

☞ inform
「正式に告げる」[infɔ́ːrm]

> "[formal] to officially tell someone about something or give them information（[形式的] 人に正式に何かを告げる、または情報を与える）"

こちらも前出の advise 同様、「formal（形式的）」という断りがついていますね。advise ほどではないかもしれませんが、ビジネス関連ではやはりよく使われる単語です。

information の土台になっている単語ですから、「情報を与える」という意味も容易に理解していただけると思いますが、この語の語源は「形を与える」という意味のラテン語 informare で、たとえば粘土を手で形作っていくように、もとは形のないものに物理的な形を与えるという意味の言葉です。

現代英語の inform も、ある人の中で知識が乏しいがゆえに漠然としている物事や概念について、情報を与えることで象徴的な骨子、つまり「形」を与えて、より容易に把握できるようにしてあげる、というところから、「情報を与える」という意味合いになっています。

大切な点として、ロン解には officially（正式に）とあるので、この inform はまったく個人的なやり取りで「告げる、教える」というときではなく、たとえば会社として、あるいは部署、または自分の立場として、与えるべき情報を与える、そういう場合に使う単語です。職務上、あるいは契約上、手続き上、業務上、立場上、必要な情報を提供する、そんなニュアンス。

用法は advise と同じで、

inform 人 of ～
inform 人 that ～

があります。

《《今日の例文》》

1 We will inform you of any changes in the date.
日時に変更がありましたらお知らせいたします。

2 Customers should be fully informed of the kind of the service they are being rendered.
お客様には自分たちがこれから受けようとするサービスについて十分な説明を受けていただく必要がある。

《《今日の単語、おかわり！》》

fully [fúli]　　十分に
render [réndər]　与える

《《今日の単語》》

☞ notify
「通知する」 [nóutəfài]

"to formally or officially tell someone about something [= inform]（あらたまって、または正式に、人に何かを告げる：inform と同義)"

上記のロン解では inform と同じく「正式に人に告げる」という意味としていますが、ではまったく同じ意味なのかというとやはりそうではなく、同じロングマンにもこんな注釈があります。

"[formal] to officially or formally give important information to someone, especially by telling them about something that has happened or that will happen（[形式的] 正式に、あるいはあらたまって、重要な情報を人に与える、特にこれまでの、または未来の出来事について告げることによって)"

inform は、立場上とか職務上、必要な情報を与えるという意味でしたが、notify の場合は単に必要な情報というだけではなく「重要な情報」を与える、というのが違いです。
用法はこちらも advise、inform と同じで、

notify 人 of 〜
notify 人 that 〜

となります。単なる情報公開や情報提供以上に、大切な知らせ

や重要な事実を公式に伝えるようなとき、特に具体的な通信手段を使って連絡する場合には、notify を使うとよいでしょう。

《《今日の例文》》

1 Participants will be notified of any changes in the system.

システムに変更があった場合はすべて参加者に通知されます。

2 Staff are notified in advance of any modifications to the employment conditions.

雇用条件の変更については事前にスタッフに通知が行きます。

《《今日の単語、おかわり！》》

in advance	前もって
modification [mɑ̀dəfikéiʃən]	修正
condition [kəndíʃən]	条件

《《今日の単語》》

☞ # caution
「忠告する、注意する」[kɔ́:ʃən]

"to warn someone that something might be dangerous, difficult etc（ある物事の危険性や困難である可能性について人に警告する）"

前出の3つとは少し趣の違う単語が出てきましたね。単に告げる、伝える、ということではなく、何事かの危険や難しさについて警告する、忠告する、という意味。

ただ、前回の notify には「注意を払うべき、または行動を起こすべき物事について」通知する、という意味合いが含まれていましたので、この点は少し caution と近い部分があります。

とはいえ caution は「大事なことを伝える」よりもさらに差し迫った雰囲気のある単語です。語源がラテン語で「用心する、守りを固める」という意味の cavere ですので、ここで注意を払っておかないと実際に危険や困難に遭遇する可能性が出てくるわけです。ただ、あくまで現段階での「可能性」（ロン解中では"might"）を告げるわけですから、警告というよりは忠告といったニュアンスと理解してよいと思います。用法は、

caution 人 against 〜
caution 人 that 〜
caution 人 to do

があります。

《《今日の例文》》

1 I was cautioned by one of my seniors that I should not be emotionally too involved with my customers.
お客さんと感情的に親しくなり過ぎないようにと先輩から注意を受けた。

2 She cautioned me not to take my boss's word for it.
上司の言うことを言葉通りに信じてはいけないと彼女に忠告された。

《《今日の単語、おかわり！》》

senior [síːnjər]	先輩
emotionally [imóuʃənli]	感情的に
involved [inválvd]	親密な関係にある
take one's word for it	〜の言うことを信用する

〈今週の単語 advise／inform／notify／caution／let know〉

《今日の単語》

☞ let know

「(人に) 知らせる」

let know は動詞句ですので、大本の動詞「know」の定義をロン解で見ますと、

"to have information about something (ある事柄についての情報を持っている)"

とあり、自ら調べたかあるいは誰かから inform されたか、何らかの形で情報を手に入れてそれを持っている状態を指すことが分かります。

そしてその know を他動詞 let と組み合わせて「let 人 know」で「人に知らせる」と使うわけですが、この動詞句についてはロングマンでは、

"[especially spoken] to tell someone something important that they need to know or want to know ([特に口語で] ある人が知る必要がある、もしくは知りたがっている重要な事柄について、その人に伝える)"

と定義しています。「特に口語」とありますので、少なくとも inform や notify のように形式ばった表現ではありませんが、その分用途が広く、ビジネスでもよく知り合った間柄や同僚などでは「教える」「知らせる」という意味でほぼ当たり前に使われる表現です。advise や notify などと使い分けられることを前提に、

084

覚えておくと重宝します。
　用法としては、

let 人 know about ～　　～について人に知らせる
let 人 know ～　　　　　～を人に教える
let 人 know (that) ～　　～であると人に伝える

などがあります。

《《今日の例文》》

1　**Please let us know if there are any changes.**
　変更がありましたら教えてください。(相手が他社の人や取引先であっても、普段からよくやり取りをしている相手なら使用可)

2　**We will soon let you know our new company address.**
　新しい会社の住所についてはまもなくお知らせします。

第7週

ordinary とその仲間たち

《 今週の単語 》

ordinary

normal

common

usual

general

今週は「普通」という表現の使い分けについて学びます。

《《今日の単語》》

☞ ordinary
「当たり前の」[ɔ́ːrdənèri]

"average, common, or usual, not different or special（平均の、よくある、または通常の。他と異なっていたり、特別であったりしない様子）"

広い意味での「普通の」とか「よくある」「一般的な」という意味を持つ語が、この「ordinary」。

それだけ広く使えますが、「他と異なっていたり、特別であったりしない」という点で、ややつまらない、関心を引かない、目立たない、というニュアンスを持っています。

語源は「秩序、順序」という意味のラテン語、ordinarius。乱すことも飛び出すこともない、これといって特徴もなく、どこにでもある、平均的な状態、というニュアンスになります。

よく使われる表現としては、

an ordinary man/person　凡人
an ordinary life　平凡な人生
an ordinary citizen　一般市民
ordinary expenses　経常費用
ordinary income　経常収益

などがあります。

《《今日の例文》》

1 The news was somewhat astonishing to ordinary people like us.
そのニュースは、我々のような一般人には、ある意味驚くべきニュースだった。

2 "I heard you're quitting the job."
"Oh, yeah, I'm sort of tired of the ordinary routine."
「仕事辞めるんだって?」
「うん、まぁね。ありきたりの日常業務は飽きちゃったってカンジ」

3 All I want is a quiet life with an ordinary happiness.
欲しいものは、当たり前の幸せと静かな生活、それだけだ。

《《今日の単語、おかわり!》》

somewhat [sÁmhwÀt]	いくぶん
astonishing [əstÁniʃiŋ]	驚くばかりの
sort of	多少
routine [ru:tí:n]	日課

〈今週の単語 ordinary / normal / common / usual / general〉

《《今日の単語》》

☞ normal
「標準的な」[nɔ́ːrml]

"usual, typical, or expected（普通で、典型的、または予想通りの）"

非常にシンプルなロン解ですが（汗

裏返すと、「異常でなく、例外的でもなく、意外でもない」ということ。

語源が面白いのですが、ラテン語で「大工の直角定規」を指す言葉だったようで、大工さんが設計や角度の調整に使った定規だそうです。

そのような、基準となる角度や長さに合っているかどうかを調べるための道具、というところから、原型や模範を表すようになり、そこから「原型に沿った、基準に合った」ということで「標準的で普通な」という今の意味になったようです。

normal の反義語はご存知 abnormal で、異常な、正常でない、基準から外れた、という意味ですので、このことからも「標準的な」「正常な」という normal の意味合いが分かると思います。

《《今日の例文》》

1 **The company quickly recovered from the damage from the earthquake and got back to the normal business.**
その会社は地震の被害からいち早く立ち直り、通常業務に戻った。

2 **All devices are in normal operation.**
すべての装置は正常に作動しています。

《《今日の単語、おかわり！》》

get back to 　（仕事など）に戻る
device [diváis]　装置

《《今日の単語》》

☞ **common**
「よくある」[kámən]

　これもしばしば「普通の」と訳されますが、「普通の」という日本語があまりに広義なため、英語のニュアンスが隠れてしまっています。

"existing in large numbers or happening often and in many places（数としてたくさん存在している、またはたびたび多くの場所で発生している）"

　というのが、ロングマンによる common の定義。多くの事例に共通の、あるいは広く普及している、通例の、といった意味になります。
　ordinary は「（特徴が）ありふれた」、前回の normal は「（レベル的に）標準の」、という意味でしたから、common は「（事例が）よくある」という、また違ったニュアンスであることが分かると思います。

《《今日の例文》》

1 This kind of weather is quite common in Japan.
こんなような天気は、日本ではごく一般的ですよ。

2 "Shy and humble" used to be a common image of Japanese among businessmen of the US and Europe.
「腰が低くて押しが弱い」というのは、かつて欧米のビジネスマンの間で一般的な日本のイメージだった。

《《今日の単語、おかわり！》》

shy [ʃái]　　　内気な
humble [hʌ́mbl]　謙虚な

《《今日の単語》》

☞ **usual**
「通常の」[júːʒəl]

"the same as what happens most of the time or in most situations（ほぼすべての時や状況で起きることと同一の）"

　usual は、話し手や相手が知っている、または認識している「通常のケース」と比べて「同じだ」という、同様の様子を言い表すときに使います。
　一見、common と同じような意味にも思えますが、common は数々のケースを全体的あるいは総合的に見て「（このようなことは）あちらでもこちらでも起きていることだ」と見るのに対し、この usual は、「（これは）あそこやここで以前起きた（起きている）のと同様のケースだ」というふうに、今話題にしているものをあくまで中心にして、他のケースと比較検証しているといったニュアンスです。
　とはいえ、主な違いが視点の違いということで、多くの場合、common と usual は入れ替え可能です。

《《今日の例文》》

1 Shaking hands is an usual greeting in Europe and the States.
握手は欧米においては通常の挨拶だ。

2 This kind of weather is not usual here in Japan.
こんな天気は、ここ日本では通常見られないものです。

《《今日の単語、おかわり！》》

greeting [gríːtiŋ] 挨拶

〈今週の単語 ordinary ／ normal ／ common ／ usual ／ general〉 **095**

《今日の単語》

☞ general
「不特定の」[dʒénərəl]

"of an ordinary kind, not one particular kind（よくある類の。特別な種類でない）"

　種別や特性などで見たときに、特定のものではなく、ごくありふれた、一般的な、不特定の部類に属することを意味します。
　非常に意味の近い単語では、スタート・ボキャの「ordinary」がありますが、ordinary が「特徴のない、つまらない、平凡な」というニュアンスであるのに対し、この general は「特定しない、幅広い層（種類）の」といった感じです。

ordinary people（普通の人々）←→ general people
　　　　　　　　　　　　　　　　　（一般の人々）

ordinary job（平凡な仕事）←→ general job（一般的な仕事）

ordinary clothes（ありきたりな服装）←→ general clothes
　　　　　　　　　　　　　　　　　　　　（一般的な服装）

　また、general でよく用いられる用法に、「in general」があります。これは、「一般の、一般的な、総合的な、〜全体」といった意味になります。

people in general（世間一般の人々）

life in general（人生全般）
sports in general（スポーツ一般）

…など。
「これといって特徴がない」という場合の「普通の」は ordinary、「世間一般の、不特定の」という場合の「普通の」が general、といったところでしょう。

《《今日の例文》》

1 **She is in charge of general accounting.**
   彼女が一般会計の担当だ。

2 **You will handle general affairs in the department.**
   君には部署内の庶務をやってもらおう。

《《今日の単語、おかわり！》》

accounting [əkáuntiŋ]	会計
handle [hǽndl]	扱う
affairs [əféərz]	事務

〈今週の単語 ordinary ／ normal ／ common ／ usual ／ general〉

第8週

important とその仲間たち

《 今週の単語 》

important

significant

critical

crucial

substantial

重要な問題、大切な商談、重大な会議…「大事な」「重要な」を意味する表現も数多くあります。今週はその中でもビジネスや社会方面の話題で頻度が高いものを5つ学びます。

《《今日の単語》》

☞ important

「重要な」[impɔ́ːrtənt]

"an important event, decision, problem etc has a big effect or influence on people's lives or on events in the future（important な出来事や決断、問題などは人々の生活や将来の出来事に大きな効果や影響をもたらす）"

「重要な」「大事な」という意味で恐らくもっとも一般的な表現が今日の important。「しるし付ける」という意味のラテン語「importare」から来ており、このラテン語はさらに「運び込む」という意味の in- + portare でできています。

ある物事が別の出来事や状態の顕著な原因やきっかけとして時間軸の上に残り、時がたって過去を振り返ったときに、「その物事」があたかも別の未来や影響を運び込んだかのように見える、そんなイメージでしょうか。

ロン解によれば、現在関係する諸々の事柄や未来に何かしらの大きな影響を与えうるものはすべて important といえますが、重要さ、重大さの種類によっては他にも適切な表現がありますので、後の記事を参考にしてください。

《《今日の例文》》

1 Spending time with my family is much more important for me than working in the office.
オフィスで働く時間より家族と一緒に過ごす時間のほうがわたしにとってはよっぽど大事だ。

2 This is an important meeting for our company.
これはわが社にとっては大事な打ち合わせだ。

〈今週の単語 important / significant / critical / crucial / substantial〉

《今日の単語》

☞ significant
「意味のある」[signífikənt]

> "having an important effect or influence, especially on what will happen in the future(重要な効力または影響のある、特に将来に起こる出来事に対して)"

important という意味では前出の単語と同じですが、significant の大事なニュアンスは後半部分の「特に将来に起こる出来事に対して」という点。

誰かとの力の関係上とか今関わっている何かに対する影響力とかよりは、今後の行く末に何かしらの大きな意味を持っている物事を significant と形容します。

important は「大きな事」である、という意味で「大事」でしたが、significant は「(将来にわたって)意味のある、今後に関わる」といったニュアンスになります。

《《今日の例文》》

1　Please notify us of any significant changes in your plans.
御社の計画に重要な（＝計画のその後に影響を及ぼしかねない）変更がありました場合にはご連絡ください。

2　It was a significant meeting for our company.
それはわが社の今後に関わる大事な打ち合わせだった。

《《今日の単語、おかわり！》》

notify [nóutəfài]　通告する

〈今週の単語　important / significant / critical / crucial / substantial〉

《《今日の単語》》

☞ critical
「将来を左右する」[krítikl]

"something that is critical is very important because what happens in the future depends on it（critical な物事というのは、将来の出来事がそれに依存するという意味で非常に重大である）"

おおお、いきなりずいぶんと重たいロン解ですな。

前回の significant もその後＝将来に関わる、という意味で大事でしたが、今日の critical は、将来がそのことに depend on している、ということですので、significant に何重にも輪をかけて、「命運を分ける」ほどに重大な、という意味になります。

Webster によると語源は「判定（しうる）」という意味のギリシャ語 krinein だそうで、言ってみればその後に続く出来事や未来の可否や是非を判定する、決定する、ということから、「行く末を左右する、命運を分ける」といった意味合いになったようです。

《《今日の例文》》

1 In sales talking, not only what you say but when you say it is rather critical.
営業トークは何を言うかだけでなく、いつそれを言うかがかなり重要だ。(＝その後も話を続けられるかどうかを左右する)

2 It was a critical meeting for our company.
それはわが社の将来をかけた大事な打ち合わせだった。

《《今日の単語》》

☞ **crucial**
「決定的な」[krúːʃl]

"something that is crucial is extremely important, because everything else depends on it（crucial な物事とは、他のすべてがそのことにかかっているためにきわめて重大な）"

前回の critical よりも、extremely important ということで重大さが増していますね。

その理由は「everything else（他のすべて）」がそのことにかかっているから。前回の critical は「将来の出来事」がかかっている重大さでしたが、今回の crucial は将来だけでない、他のすべての物事を左右するのですから、なるほど究極に重大です。

ビジネスとは少し違いますが、体調や病状、容態などについて crucial というと「山場で」「峠で」ということになってしまうくらいですので、この単語の重要度の高さが分かります。

《《今日の例文》》

1 Accepting the head hunting was a crucial decision.
ヘッドハンティングを受け入れたのは人生をかけた決断だった。

2 It was a crucial meeting for our company.
それはわが社の命運をかけた(!)重要な打ち合わせだった。

《《今日の単語、おかわり!》》

head hunting (人材の)引抜き

《《今日の単語》》

☞ substantial
「根本に関わる」[səbstǽnʃl]

　この単語、実はロングマンに適切な解説がありません（涙）。
　ロングマンがすべて！　なら、この「重要な」シリーズにそもそも引っ張ってこないのですが、他の辞書（Oxford の Thesaurus や Webster）には確かに「重要な」(important, essential 等)という意味で掲載があります。
　この substantial は「下に立つ」という意味のラテン語から来ているのですが、土台や根っこを表す意味合いから「根本的な、実質的な、根幹に関わる」という意味を持っています。
　その後を左右するとか関係者に影響を与えるという対外的な影響力よりは、そのものの本質や土台、ひいては存在そのものを問うような意味で「大事な」「重要な」という意味になります。
　substantial には他にも、（空想や架空や概念上ではなく）実質の、本質の、という意味や、（無視できないほど）大量の、という意味もあります。根のある、本物の、というあたりで意味がリンクしているといえるでしょう。

《《今日の例文》》

1 Solving substantial differences is the first step to reconciliation.
根本的な相違点を解決することが和解への第一歩だ。

2 The difference in the policies of these two companies is a substantial problem.
二社間の方針の違いは根本に関わる大事な問題だ。

《《今日の単語、おかわり！》》

solve [sálv]　　　　　　　　　　解決する
reconciliation [rèkənsiliéiʃən]　和解

〈今週の単語　important ／ significant ／ critical ／ crucial ／ substantial〉

第9週

work とその仲間たち

《 今週の単語 》

work, operate

function

run

go

do the job

仕事やビジネスにおいてはさまざまな企画やシステム、機能等がつくられ生み出されています。人と人との関係も、他社や他部署との連携も、会議の段取りも雇用システムもクレーム処理の手順も。それらがうまく「行く」とか「行かない」というときの言い方を、このシリーズでは学んでみましょう。

《《今日の単語》》

☞ work, operate
「働く、機能する」[wə́rk][ápərèit]

"if something such as a fact, situation, or system works in a particular way, it has a particular effect on someone or something（なんらかの事実や状況またはシステムが特定の仕方で work するという場合、それが人や物事に対して特定の影響を及ぼすという意味である)"

よかれ悪しかれなんらかの形で動く、働く、影響を及ぼす、という意味のもっとも一般的で広く使われている語が今日の「work」です。うまく行くのか失敗するのかはともかく、存在として影響を出し始めたらそれは work しているということになります。この場合、work 一言ではその働き方がいいのか悪いのかを伝えられないので、必ず well（うまく）とか properly（適正に）といった副詞や in our favor（我々に好都合に）や against（〜に不利に）等の前置詞とセットで表現します。(例文1)

使われる頻度は work より少なくなりますが、ほとんど同じ意味で使われる単語に operate があります。ロン解の定義も work 一言で済まされているくらい（苦笑）。機械や器具が「作動する」というほうが一般的かもしれませんが、work 同様システムや組織やサービスが機能するという意味でも使います。(例文2)

ちなみに work はそれ一言で「効果がある、成果を出す」という意味もあります。その場合は上述のような前置詞や副詞との組み合わせは必須ではありません。(例文3)

《《今日の例文》》

1 **The new complaint processing system is working well so far.**
新しい苦情処理システムは今のところうまく機能している。

2 **The contract seems to operate in their favor.**
この契約は相手方に有利な内容になっているようだ。

3 **We expect that this new alarm system will work in combatting shoplifting.**
この新しい警報システムが万引き対策に効果を発揮してくれるものと期待しています。

《《今日の単語、おかわり！》》

complaint processing system	苦情処理システム
in one's favor	(人に) 有利な
alarm system	警報システム
combat [kámbæt]	〜と戦う
shoplifting [ʃáplìftiŋ]	万引き

〈今週の単語 work, operate / function / run / go / do the job〉

《《今日の単語》》

☞ function
「機能する」 [fʌ́ŋkʃən]

"to work in the correct or intended way (正しく、または意図されたとおりに機能する)"

　前回の work は「よかれ悪しかれ影響を及ぼす、働く」というニュートラルな意味でしたが、今日の function は「本来の意図に沿って正しく」働く、という意味が第一義に来ているのがポイントです。(例文 1、2)

　とはいえ function の第二義には「(特定の仕方で) 動く、機能する」という定義がありますので、正しくかうまくかはさておき、そのもの独特の仕組みや仕方で働く、というニュートラルな意味でも使います。(例文 3)

　いずれにしても、function は work や operate と比べてより専門的な、あるいは特定の機能や仕組みを元々持った物事が「働く」という場合に使われる単語です。漠然と「動く、働く」ではなく、本来の目的や機能と対比させて動く、働くと言いたい場合には function のほうがより適していると言えるでしょう。

《《今日の例文》》

1 **The top-down management is not functioning at all.**
上意下達型の経営管理がまったく機能していない。

2 **The server is functioning properly.**
サーバーは正常に作動しています。

3 **We as salespersons need to understand how human psyche functions.**
販売に携わる者として、人間の心理の働きをよく理解する必要がある。

《《今日の単語、おかわり！》》

top-down	上意下達式の
management [mǽnidʒmənt]	経営
properly [prápərli]	きちんと
human psyche	人間の心理

〈今週の単語 work, operate / function / run / go / do the job〉

《《今日の単語》》

☞ run
「作動する、運ぶ」[rʌ́n]

"to happen in a particular way or at a particular time（特定の仕方で、または特定のタイミングで起こる）"

ロン解を見ても分かるように、今日の run は前出の3つの単語と比べてより自然発生的なニュアンスを持っているのが特徴です。(例文 1)

このように、物事が何らかの形で運ぶ、進む、という場合に使います。function は特定の方法や仕組みで動き、work や operate はより広い意味で機能しましたが、run はもっと広く漠然とした意味で、かつ、より独立した仕方で物事が「運ぶ」という感じになります。

さらに、run は operate 同様、コンピュータやプログラムなどの機械的な「作動」を表現する場合にも特に使われます。(例文 2)

《《今日の例文》》

1 My secretary will keep things run smoothly while I'm away.
わたしの留守中は秘書が諸々滞りのないようにしてくれるはずだ。

2 This order-online system runs 24 hours a day.
このネット注文システムは一日24時間休まず動いている。

3 We had to work extra hours to get all the procedures relating to the transfer run properly.
移転にまつわるすべての作業が適切に運ぶようにするため、遅くまで働かなくてはならなかった。

《《今日の単語、おかわり！》》

secretary [sékrətèri]	秘書
away [əwéi]	留守で
order-online system	ネット注文システム
extra [ékstrə]	追加の
procedure [prəsí:dʒər]	手順
relating to	～に関して
transfer [trǽnsfəːr]	移転

〈今週の単語 work, operate / function / run / go / do the job〉

《《今日の単語》》

go
「運ぶ、進む」[góu]

"to happen or develop in a particular way（特定の仕方で起こる、または進む）"

　happen という点では前回の run と同じですが、develop という発展、進展の意味が加わっていることが run とはまた違ったニュアンスを生み出しています。work や operate よりも漠然としていて、なおかつ人の手から独立した雰囲気があり、さらに単に起こるとか生じる以上にそこから発展する、進む、という奥行きを持っているのが go の特徴です。

　run も go もどちらも運動を意味する単語ではあるのですが、run はちょうど車輪がその場で回転するような、前進を含まない運動という感じです。ですので、run は機能・活動としての「働き、動き」を、go のほうはより方向性を持って「進む、発展する」というニュアンスを有しています。

　よく使われる言い回しとしては次のようなものがあります。

be going fine/well　（仕事などが）うまく回っている
go wrong　おかしくなる、間違った方向に進む
go the same way　同じ道をたどる

　特定の機能や目的にかかわらず、事の成り行きやシステム等の運び具合を言うときには go がもっとも一般的で自然な表現と言えるかもしれません。

《《今日の例文》》

1. "How did the meeting with XYZ corp. go?"
   "It all went quite fine!"
   「XYZ 社との商談はどうだった？」
   「いい具合に運んだよ！」

2. The OPQ Co. had to reduce its business and workforce because of the recession, and it seems our company is now going the same way.
   OPQ 社は不景気のせいで業務や従業員の削減を強いられたが、うちの会社もどうやら同じ道をたどりつつあるようだ。

3. The new complaint processing system is going very well.
   新しく導入した苦情処理システムはうまく行っている。

《《今日の単語、おかわり！》》

reduce [ridjúːs]	減少させる
workforce [wə́ːrkfɔ̀ːrs]	労働力
recession [riséʃən]	不景気

〈今週の単語　work, operate ／ function ／ run ／ go ／ do the job〉

《《今日の単語》》

☞ do the job
「効果を発揮する、役に立つ」

"[spoken] to have the effect or produce the result that you want（[口語] 効果がある、または求めている結果を生む）"

work の解説中でも「have a particular effect」という説明がありましたが、今回の do the job はそれよりもっと具体的に「その働きとして望まれているとおりに動く、機能する」という感じの意味合いになります。

ここで言う job は「仕事」ではなく「立場や責任上しなければならないこと」という意味ですので、それを人だけでなく物や仕組みや組織などに置き換えて、「それが本来果たすべき役割、働き」という意味になっています。

ロン解では「口語」と指定があるので、ビジネスでもフォーマルな場では使えません。同僚との会話や、取引先等でも比較的慣れた間柄でなら使うのは OK でしょう。

《《今日の例文》》

1 **The new advertisement is doing its job.**
新しい宣伝が功を奏している。

2 **Hopefully this innovative method to promote work efficiency will do its job.**
仕事の効率を上げるこの画期的な方法がきっと力を発揮してくれるだろう。

《《今日の単語、おかわり！》》

advertisement [ǽdvərtáizmənt]	広告
hopefully [hóupfəli]	願わくば
innovative [ínəvèitiv]	刷新的な
promote [prəmóut]	促進する
work efficiency	仕事の効率

〈今週の単語 work, operate / function / run / go / do the job〉

楽しく英語を学びたい！

英語のセンスって？

「やっぱり、英語は"センス"がないとダメなんでしょうね……」

以前、英語学習者向けの「勉強会」を実施していた頃、参加者の方からよくこんなふうに聞かれたものです。

このように聞く方はたいてい、「英語を身につけるにはきっと、生まれつきの素質みたいなものが必要なんだ。自分にはそんな恵まれた素質はない。だから自分はいくら頑張っても英語ができないんだ」と感じて、自信をなくしてしまっているのでした。

それに対する私の返事はいつも、

「英語にセンスなんて必要ありませんよ！」

というものでした。

なにもこれは、昔懐かしの？「根性」理論を展開するつもりで言っていたわけでも、答えを考えるのが面倒で適当に返事していたわけでもありません。

だって、アメリカに行けば、英語なんてみんなしゃべっているし、5歳の子供だって英語で立派にケンカしている。もし、英語を習得して話すことに「特別な才能」や「もって生まれた特異な何か」が必要だとしたら、「英語圏の人はみんな英語が話せる」という現実はあるはずがありません。

ですから、「ある特定の人たちにだけ限定される、もって生まれた特別な素質」という意味での"センス"は英語をマスターするうえでは必要ないのです。

では、英語をマスターするには、ただひたすら「頑張れ」ばよいのでしょうか？ それとも、ナントカとかいう高い教材を使って、毎日15分だか20分だか英語を「聞き流せ」ばペラペラになれるのでしょうか。

私がかつて読んだある本の中に、こんな一文がありました。

最新の感性工学の研究によると、「センス」は取り入れる「情報量」に比例する。

センスを育てるのは「情報量」。
それを読んで、ヒラメイタのです。

自分は言葉やコミュニケーション（人間にとどまらず……笑）に多大な関心を持ってきたし、周りを見ても、「語学が堪能」な人は皆さん、何らかの形で「言語」「文化」「コミュニケーション」「考え・思想」など、ことばやその源(みなもと)である人・文化に強い関心を持っている。

何かに対して純粋な関心を抱いていると、差し迫った必要があるないにかかわらず、そのことについての情報は自然とどんどん増えていきますね。

ですから英語や言語やコミュニケーションに関心があった自分のなかでは、知らないうちに英語（やその学習方法）についての情報がどんどん増えていた、つまり、英語についていつも関心を抱いていた結果、自分の中でいつのまにか「英語のセンス」が育っていたのです。

「英語のセンス」というものが存在した!

これは、わたしにとってはある意味、天と地がひっくり返るような大発見。でも、そのセンスは「あとからいくらでも育てられる!」という事実のほうが、そんなことよりもっと革命的な発見でした。

英語のセンスはあとから身につけられる。こんなにウレシイことはありません。

私たちがやることは、情報をたくさん取り入れること、興味を持てるところから、「うまくなりたい」対象物について、なるべく多くの知識や情報を得ること、ただそれだけなのです。

それだけで、センスが磨かれる。上達が早くなる。

好きこそ物の上手なれ、は、このことを言ったのでしょうね。

英語圏の人がみな英語を話せるのも、生まれたときから毎日毎日英語に触れている、つまり英語についての情報が、いやがおうでもどんどん増えている、結果として等しく「英語のセンス」が身につき育っている、ということなのでしょう。

実際、英語圏に何十年暮らしていても、英語を拒絶し母国語でしかコミュニケーションを取らない人は、いつまでたっても英語が話せません。

あ、誤解のないように一つ。

ここでいう「情報」は、文法とか単語の日本語訳を頭から暗記するとか、学習方法をあれこれカジって「英語ハカセ」になる、という意味ではありません。

英語やことばに対する情報量を増やすには、いわば英語やことばに対する「親近感」を持つようにする、ということ。

　つまり、「ことば」に興味を持っていて、「ことば」について知りたい！　という気持ちがあって、実際「ことば」やコミュニケーションについていろいろ読んだり調べたりして、「言葉って、英語って、おもしろいなぁ」と思える気持ちを持つことです。

　そういう、ことばに対する親近感があれば、辞書を開くのもおっくうではなくなるでしょうし、ヘンな強迫観念に急き立てられることなく単語の意味や文法の理解だって進んでいき、英語を学ぶ面白さが増して、どんどんよい循環になっていきます。

「自分には英語の"センス"がないからダメかも」と思っていらっしゃるかもしれない、あなた。

　はい、英語をマスターするには「英語のセンス」が必要です。でも、英語のセンスは今からでも十分身につけ育てられるもの！

　まずは英語を「必要だから身につけなくてはいけないもの」という切り口ではなく、語源や由来や日本語との関連や欧米の文化や人間の精神構造といったいろいろな切り口から、「おもしろいな」と興味を持って見直してみてください。

　あなたがこうして「1日1分！英単語」シリーズを手にしてくださったということは、きっとあなたは「単なる英単語の詰め込み」「丸暗記」ではなくて、英語とい

うことばの「おもしろみ」を心のどこかで求めていらっしゃるのではないでしょうか。

　だとすれば、あなたの中にはもうすでに、英語のセンスの「タネ」が蒔かれています。英語をマスターするのは、難しいことではないはずですよ！

【お役立ち表現】

eager
stress
be disappointed
involve
handle
accept
build up
consider

キーワード8と、
その類語を紹介しています

第10週

eager とその仲間たち

《 今週の単語 》

eager

keen

enthusiastic

zealous

committed

今週は、仕事やプロジェクト、あるいは趣味などに対して自分の意欲ややる気を表現したいときのフレーズを学びたいと思います。

《《今日の単語》》

☞ eager
「やる気満々の」[iːgər]

"very keen and excited about something that is going to happen or about something you want to do（これから起こること、あるいは自分がやりたいことに対して、非常に熱心で興奮している）"

ロン解では eager について上のような定義がされています。一方、Oxford Pocket American Thesaurus of Current English（オックスフォード現代米語類義語辞典・ポケット版）では、

"Anyone who has a strong interest or an impatient desire to pursue or become involved in something is called [eager]. （何かを追求したり、何かに打ち込むことに、強い関心や、いてもたってもいられないような欲求を持っている人のことを、[eager]だ、という）"

と解説しています。
この、「impatient desire（いてもたってもいられないような欲求）」というニュアンスは、eager という単語の重要なポイント。熱心は熱心でも、一生懸命というよりはどちらかというと「早く、早く！」と強く求める気持ちが強調されます。
用法としては、

eager to 〜（〜する気が満々だ、早く〜したいと思っている）

eager for 〜　(〜を得ようと躍起だ、〜をなんとしてでも欲しい)

のように使います。

《《今日の例文》》

1 **He's very eager to attend the symposium.**
   彼は、そのシンポジウムに何が何でも参加したいと思っている。

2 **I was quite eager to get back to work when I left the hospital after staying there for 3 months.**
   3ヶ月入院した後退院したときは、早く仕事に戻りたくてしようがなかったよ。

《《今日の単語、おかわり！》》

attend [əténd]	出席する
symposium [simpóuziəm]	シンポジウム
get back to	(仕事などに) 戻る

《今日の単語》

☞ keen
「夢中な、やる気満々の」[kíːn]

"very interested in something or eager to do it (あることに非常に関心のある、あるいはそれをぜひやりたいと思っている)"

以上がロン解ですが、keen という単語には「(感覚が) 鋭い」という基本的な意味があり、そこから、「(あることに対して) 熱烈な、関心の強い、やる気がある」といった意味に広がっています。

Oxford Thesaurus ではこの点を、

"Anyone who is deeply interested in something or who shows a spirited readiness to act is called [keen]. (あることに深い関心を抱き、あるいは、いつでも行動を起こせるよう、気合を入れて準備しているような人のことを、[keen] と呼ぶ)"

と、さらに詳しく述べています。あることに気持ちが向いていて、すぐにでも行動したいという熱意があるとき、その人は keen だ、と言います。

今あることに夢中になっている気持ちの熱さというよりは、どちらかというと自分がある特定のことをするということに対して、鋭い関心を持っている、ぜひ (いつでも) そうしたいと思っている、という気持ちを表す言葉です。

実は前回の eager も語源をたどると「(刃物のように) 鋭い」という意味から来ていて、この点 keen とほぼ同じような意味に

なるのですが、現代英語においては eager はどちらかといえば熱心さや意欲に注意が行っていたのに対し、keen のほうは関心の強さや「いつでもすぐに飛び込める」シャープな反応に注目が行きます。

eager to help

　というと「一刻も早く助けたい」という感じですが、

keen to help

　は「人助けということに敏感、いつでも助けになるぞ！」という感じ。
　用法ですが、keen は形容詞ですので、動詞句として使う場合は、be 動詞と合わせて使います。

be keen to ［動詞原型］（例文1）
be keen on ［名詞］（例文2）

《《今日の例文》》

1 **He's very keen to join the sales force of the newly-established store.**
   彼は新店舗の販売員に加わることについてはやる気満々である。

2 **I'm really keen on working abroad.**
   ぜひ海外で働きたいと思っている。

〈今週の単語　eager / keen / enthusiastic / zealous / committed〉

《《今日の単語》》

☞ enthusiastic
「熱心な、興奮した」 [enθjùːziǽstik]

"feeling or showing a lot of interest and excitement about something（あることに対して多大な関心を抱き興奮を覚えている、またはそうした関心や興奮を表現している）"

前出の2つの単語はどちらかというと「今熱中している」という熱意よりも、eager は「(早く) こうしたいと思っている」その気持ちの強さ、keen は「いつでも気持ちが向いている」関心の高さを表現する単語でしたが、今回の enthusiastic は「今夢中になっている」その熱い気持ちそのものを表現します。

ちなみに、Oxford の Thesaurus では、enthusiastic について、次のように説明されています。

"[Enthusiastic] may connote participation rather than expectation ... one is usually called enthusiastic about (something) when it is under way or is over.（enthusiastic は、期待よりは実際に参加する、関わるということを連想させる。普通、ある人が何かに熱心だ、という場合、対象のその「何か」は、進行中か、もしくはすでに終わったことである）"

そしてその例として、

eager to take a trip to Switzerland
スイスにぜひ（できるだけ早く）旅行に行きたい

keen on hiking
ハイキング大好き

enthusiastic about a trip to Switzerland
今進行中の（もしくはつい最近の）スイス旅行のことで興奮している

　というふうにこの３つを比較しています。
　ここからも分かるように目下進行中の事柄に対して「熱心に取り組んでいる」という場合は、enthusiastic を使います。
　熱意は熱意でも、その傾け方と対象によって使われる表現がこれだけ違うんですね！

《《今日の例文》》

1　**We are all very enthusiastic about the plan.**
　その計画には全員が一生懸命だ。

2　**Our company is enthusiastic about roof-greening.**
　わが社は屋上緑化に熱心に取り組んでいます。

《《今日の単語、おかわり！》》

roof-greening　屋上緑化

〈今週の単語　eager ／ keen ／ enthusiastic ／ zealous ／ committed〉

《今日の単語》

☞ zealous
「熱狂的な」[zéləs]

"someone who is zealous does or supports something with great energy（zealous な人というのは、ものすごいエネルギーをかけてあることをする、または支持する人のことである）"

このロン解だけ読むと、究極の熱意の持ち主という感じですが、ロングマンはさらにこんなふうにも注釈を加えています。

"extremely enthusiastic about something such as a political or religious idea which you believe in very strongly, and behaving in a way that shows this（政治的または宗教的思想など、自分が強く信じる事柄に対して極度に熱心で、かつその熱心さを言動で表している）"

ここから分かるように、人によっては狂信的とも取れるような極度の熱心さ、それを表すのが今日の zealous です。それだけでは必ずしもアブナイ熱意ではないですが、一歩間違ったり行き過ぎれば危険にもなりうる、少し危うい感じがゼロではありませんので、zealous を使うにはちょっと注意が必要といえるでしょう。extremely enthusiastic という意味であるとはいえ、「とにかくすごい熱心」と言いたいときは、通常は zealous というよりはかえってそのまま「extremely enthusiastic」と言ったほうがよいと思います。

《《今日の例文》》

1 As everybody knows, he's a zealous supporter of Kimebokya Party.
誰もが知っているとおり、彼は「決めボキャ党」の熱心な支持者だ。

2 Our president is very zealous for the realization of his own ideal.
うちの社長は自らの理想の実現に非常な熱意を抱いている。

《《今日の単語、おかわり！》》

party [pɑ́ːrti] 党
realization [rìːələzéiʃən] 実現
ideal [aidíːəl] 理想

〈今週の単語 eager ／ keen ／ enthusiastic ／ zealous ／ committed〉

《《今日の単語》》

☞ committed
「全身全霊を捧げた」[kəmítid]

"willing to work very hard at something（あることに意欲的に尽力する）"

「全身全霊を〜」なんて訳を見ると、前回の zealous の第二弾か？ と思ってしまうかもしれませんが、今回の committed はそこまで極端に傾倒した感じではありません。

committed の語源を見ると、ラテン語で「繋がる、任せる」という意味の committere で、この committere は com-（共に）+ mittere（送る）という言葉からできています。信じた対象に身も心も投じる、任せる、そんなニュアンスが committed にはあります。

ロングマンでも、

"if a person, organization, or country is committed to a particular job or idea, they really believe in it and want it to succeed, and are willing to work very hard to achieve this（人や組織や国が特定の務めや考えに committed しているというときは、その務めや考えのことを心底信じ、その成功を願い、それを達成するために熱心に働く意欲があることを意味する）"

と注釈しているとおり、単なる関心の強さや熱狂ではなく、専心と献身の両方を表現する単語として committed があります。eager も keen も enthusiastic も zealous も、アツい気持ちはあ

りましたが必ずしも心身を投じているわけではありませんが、それに対して committed は「なんとしてでもそれを達成する！」という決意のもとに全身全霊を捧げて取り組んでいるわけです。committed には決意や覚悟がいる、ということです。

　ビジネスからはちょっとそれますが、committed relationship という表現を聞いたことがあるかもしれません。これは「結婚を前提とした真面目なお付き合い」という意味。結婚は「好き」だけじゃできない、なんて言われますが、この relationship は、結婚、つまりその後の人生を捧げることを約束し合った、という意味で、全身全霊を捧げているお付き合い、ということになります。結婚に「覚悟」が必要なんていうと語弊があるかもしれませんが（笑）、一時の感情や勢いに流されているだけ、盛り上がっているだけではない、という点で、committed の意味がよく分かる例だと思います。

《《今日の例文》》

1　The new Prime Minister is committed to structural reform.
新しい総理大臣は構造改革に専心している。

2　Our boss is committed to the education and training of newcomers.
うちの上司は新人の教育と訓練に全力で取り組んでいる。

《《今日の単語、おかわり！》》

structural [strʌ́ktʃərəl]　構造上の
newcomer [njúːkʌ̀mər]　新人

第11週

stress とその仲間たち

《 今週の単語 》

stress

strain

tension

pressure

burden

仕事とストレスは切っても切れない関係ですが、「ストレス」と一言で言っても緊張感が強いものから圧迫感に苦しんでいる状態、限界ギリギリ、といったものまでさまざまです。

　今週は「ストレスを受けている状態」を表現するフレーズを5つ学びます。

《《今日の単語》》

☞ stress
「ストレス、苦悩」[strés]

"continuous feelings of worry about your work or personal life, that prevent you from relaxing（仕事や生活についてつきまとう不安で、安心感やくつろいだ気持ちを妨げるもの）"

単なる「心配（事）」なら worry や anxiety ですが、それが continuous（継続的）でなおかつ一時的な relax さえも不可能にしてしまうほど強いとき、それを stress と呼びます。

stress の語源は「（抵当として）差し押さえる」という意味のラテン語 distringere から来ていて、この distringere は後に中世英語 destresse→現代英語 distress（苦悩、悲しみ）の語源にもなっています。差し押さえられた側の苦しみや悲しみということなのでしょうね。ちなみに stress は中世英語 destresse の略語として誕生したということです。

ロングマンの注釈ではこの stress は、

"which can make you ill or very tired（そのために病気になったり疲労困憊したりする可能性）"

があるとしていますので、非常に強い精神的負担で、「過労死」を「stress death」と表現することもあるくらいです。

《《今日の例文》》

1 **He suffers a serious stress of his work.**
彼は仕事から来る深刻なストレスで苦しんでいる。

2 **She seems to be under a lot of stress these days.**
彼女は最近たくさんの悩みを抱えているようだ。

3 **Handling complaints is a lot of stress.**
クレーム処理はものすごいストレスだ。

《《今日の単語、おかわり！》》

suffer [sʌ́fər]　　　　苦しむ
complaint [kəmpléint]　不平

《《今日の単語》》

☞ strain
「苦痛、限界」[stréin]

"worry caused by having to deal with a problem or work too hard over a long period of time（問題に取り組まなければならないことや、長期間厳しい労働をしなければならないことから来る心配や不安)"

もともと strain は、あるものを引っ張ったり、または反対に押し付けたりして、そのものが耐えられるギリギリの緊張や圧力を加えることを意味する単語ですが、この「耐えられるギリギリ」「限界の」というニュアンスが名詞の strain にもあります。

問題に取り組まなければいけない、とか、長期間、能力以上に (too hard) 働かなくてはいけない、というのは誰でもイヤなものです。イヤだな～くらいなら「too much trouble」くらいですが、限界に近いくらいの苦痛である場合は strain になります。

昨日の stress は、悩みや心配の強さと長さを強調した語ですが、今日の strain は「限界だ、ギリギリだ」という切羽詰まった感じを強調します。

《《今日の例文》》

1 These quarrels in the office are being a serious strain for the staff.
オフィス内のいざこざは、スタッフにとって深刻な苦痛となっている。

2 Dealing with complaints is too much strain for me.
苦情を扱うのにはもう耐えられない。(前回の例文と比較してみてください)

《《今日の単語、おかわり！》》

quarrel [kwɔ́ːrəl]　口げんか
serious [síəriəs]　重大な

〈今週の単語　stress ／ strain ／ tension ／ pressure ／ burden〉

《《今日の単語》》

☞ tension
「緊張」[ténʃən]

"a nervous worried feeling that makes it impossible for you to relax (リラックスすることが不可能になるくらいにまで、神経が高ぶって心配になる気持ち)"

こちらは限界云々よりも「nervous(神経が高ぶって)」とか「リラックスができない」という点がポイント。stress にもそんな意味合いがありましたが、「緊張感」という部分を特にクローズアップした語、と考えてください。

リラックスできないときは、感情や神経が高まって、張り詰めている状態。tension の語源は「伸ばす(stretch)」という意味のラテン語 tendere ですので、strain が外から加わる圧力で限界を超えてしまうことを指すのであれば、tension は耐えられる力をギリギリまで引き伸ばして切れる寸前、という感じです。

《《今日の例文》》

1 Because of the repeated quarrels in the office, there is tension among the staff.
繰り返されるオフィス内のいざこざのせいで、スタッフの間には張り詰めた雰囲気がある。

2 I can't bear the tension dealing with complaints.
苦情を扱う際の緊張には耐えられない。(前回の例文と比較してみてください)

《《今日の単語、おかわり！》》

repeated [ripí:tid]　　繰り返し行われる
quarrel [kwɔ́:rəl]　　口げんか
bear [béər]　　耐える

〈今週の単語　stress ／ strain ／ tension ／ pressure ／ burden〉

《《今日の単語》》

☞ pressure

「重圧」[préʃər]

"conditions of work or a way of living that cause anxiety or difficulties（不安感や困難を生じるような労働の状況もしくは生活の状態）"

ふむ。意味としてはそういうこと。

前回までの単語たちは、直接「心配」や「緊張」という心理状態を指していたのに対し、今日の pressure は、それを生じさせるような状態（conditions）や様（a way）を言っているのが違いです。つまり、pressure があるために、strain や tension が生じる、ということになります。

さらに、pressure の大本の意味を調べるなら、「力や重さによって圧する」ということですので、なにか、こう、ぎゅむ〜と圧力を加えられて、息ができない〜！ くるしい〜！ というような、息苦しさや身動きの取れない苦痛がニュアンスとしてあります。

《《今日の例文》》

1 Ben could no longer bear the pressure of his work and quit.
ベンは仕事の重圧に耐えられなくなり、やめてしまった。

2 You need not to lose temper and always keep your head under any pressure in order to work effectively.
実力を発揮するためには、どんな苦境の下でも感情的にならずに常に冷静さを保つことが必要だ。

《《今日の単語、おかわり！》》

no longer	もはや〜ない
quit [kwít]	やめる
lose temper	腹を立てる
keep one's head	落ち着いている
effectively [iféktivli]	効果的に

〈今週の単語 stress / strain / tension / pressure / burden〉

《《今日の単語》》

☞ burden
「負担」[bə́ːrdn]

"something difficult or worrying that your are responsible for
（責任のある物事で、難しかったり心配の種になるようなもの）"

前回の pressure は外から加えられる「重圧」でしたが、burden の場合はなにより「すでに責任を負っているもの」で、かつ「不安や困難を生じる」という点がポイント。もちろん、pressure も、仕事にせよ生活にせよ、いくらかでも責任を感じるからこそ不安になるのですが、それでも pressure から逃れる、という余地があります。

でも、この「burden」は、そのものはすでに責任が生じているために、自分としては投げ出すわけにはいかない。まるで子泣きジジィのように、背中にズシ〜ッとのしかかってくる、まさに「重荷」なのです。基本的には、ひとたび背負ったなら、ずっと背負っていかなければいけない。だからこそ重くて苦しい。そういう悲痛な（涙）ニュアンスがあります。

《《今日の例文》》

1. **My stress is coming from the burden of paying housing loans.**
   住宅ローンの支払いが負担になってストレスを感じている。

2. **Too much guilt feeling is a burden to anybody and hinders self-esteem.**
   過度の罪悪感はどんな人にとっても重荷で、正しい自己評価をできなくしてしまう。

3. **I don't want to be a burden on anybody.**
   誰にも負担をかけたくないんです。

《《今日の単語、おかわり！》》

housing loan	住宅ローン
guilt [gílt] **feeling**	罪悪感
hinder [híndər]	妨げる
self-esteem	自尊心

〈今週の単語 stress / strain / tension / pressure / burden〉

第12週

be disappointed とその仲間たち

《 今週の単語 》

be disappointed

be disillusioned

be discouraged

be disheartened

feel let down

今週は、「がっかり」シリーズ（汗）。ビジネスを含め現実の世界ではよく経験する感情です。

《《今日の単語》》

☞ be disappointed
「がっかりする」

"unhappy because something you hoped for did not happen, or because someone or something was not as good as you expected（希望していた事柄が起こらなかったために、あるいは人や物事が期待していたほどではなかったために悲しい)"

単純に考えると、「期待が外れた」ときのがっくり気分が、disappointed。語源は「定位置から外す」という意味の中フランス語 desapointer です。

「ここ」にあってしかるべき、とされるその場所から外れる、ということがつまり、「こうであるはず」「こうであってほしい」という、気持ちの中での定位置＝期待や希望、から外れる、ということに繋がるようです。

それこそ現実では勝手に期待して勝手にガッカリするような迷惑なケースもあるかもしれませんが、いずれにしても「思っていたほどではなくて悲しくなる」のが be disappointed です。

disappointed した相手が人の場合は前置詞 in を、それ以外の場合は at、with、about を一緒に使います（例文 1）。to 不定詞を続けることもできます。（例文 2）

《《今日の例文》》

1 I was disappointed at the announcement of personnel relocation.
配置転換の発表を聞いてがっかりした。

2 I was so disappointed to see my ex-workmate in the competition.
以前の同僚が競合会社にいるのを見てがっかりした。

《《今日の単語、おかわり！》》

announcement [ənáunsmənt]　発表
personnel [pə̀ːrsənél]　人員
relocation [rìlokéiʃən]　配置
competition [kɑ̀mpətíʃən]　競争相手、競合会社

〈今週の単語 be disappointed / be disillusioned / be discouraged / be disheartened / feel let down〉

《《今日の単語》》

☞ be disillusioned
「幻滅する」

　起こると期待していたことが起きなくてがっくり。これが disappointed。では、今日ボキャの「disillusioned」は？ 単語の長さからつづりから、やや似ているので間違えやすい？ 分かりにくい？ かもしれませんが、意味はちょっと違いますよ。

"disappointed because you have lost your belief that someone is good, or that an idea is right（ある人がよい人だと信じていた気持ちや、ある考えが正しいという信念を失ったためにがっかりする）"

　ここでポイントになるのは「lost your belief」という部分。誰かをよい人と信じていたことが覆(くつがえ)される、あるいはある考えを正しいと信じていたことが覆される。その結果がっかりするのが disillusioned です。
　気持ちそのものとしては「がっくり」で、disappointed と変わらないかもしれませんが、あくまで原因となることが違いますので、使い分けが必要な時と場合をよく見極めましょう。
　繰り返しますが、あてが外れるのが、disappointed。かつて事実で今もそうであると信じていたことが覆されるのが、disillusioned。単に漠然と「こうじゃないか」「こうだったらいいな」と期待していたことではなく、過去には実際によかった、あるいは正しかったものが、そうでなくなってしまったという背景が含まれているのが disillusioned の特徴です。

用法としては、by か with を使って「何に」disillusioned したのかを示します。

《《今日の例文》》

1 **He was disillusioned by the corruption of the top management.**
   彼は上層部の腐敗を目にして幻滅した。

2 **The employees were disillusioned with the president's lack of moral sense.**
   社員は社長の道徳心のなさに幻滅した。

《《今日の単語、おかわり！》》

corruption [kərʌ́pʃən]　　　腐敗
management [mǽnidʒmənt]　経営陣
moral [mɔ́ːrəl]　　　　　　道徳の

(今週の単語 be disappointed / be disillusioned / be discouraged / be disheartened / feel let down)

《《今日の単語》》

☞ be discouraged
「やる気をなくす」

"no longer having the confidence you need to continue doing something（何かをし続けるために必要な自信を失った）"

　英語をそのまま見ても語源が分かりやすいですね。一応 Webster を見ると、古フランス語 descoragier（des- dis- + corage courage）から中フランス語 descorager を経て、中世英語 discoragen になり、そこから現代英語 discourage になったようです。

　courage は勇気や自信（こちらの語源は「heart（心）」です）を意味しますので、それを接頭辞 dis/des が壊す、または奪うことで discourage ＝自信、勇気、やる気を失う、という意味になります。

　この discourage、相手の自信ややる気をくじいて意気消沈させること、というと聞こえはよくないですが、場合によっては悪い意味ばかりではありません。たとえば、例文３のように。泥棒の「やる気」をくじくということですね。

　今さらですが、前出の２つも今日の be discouraged も原形の他動詞を受身で使って自分の感情を表現していますが、例文３のように、がっかりしたりやる気をくじかれる「原因」のほうを主語にして能動態で使うこともよくあります。

158

《《今日の例文》》

1 Don't be discouraged by mistakes; they are all good teachers!

間違いでくじけてはダメよ。間違いからはたくさんのことを学べるんだから。(→字義的には"間違いはよき教師")

2 He was discouraged by the demotion and quit.

彼は左遷されてやる気を失い、辞めてしまった。

3 You'd better install a security camera to discourage shoplifters.

万引き犯を撃退するために防犯カメラをつけたほうがいいですよ。

《《今日の単語、おかわり！》》

demotion [dimóuʃən]　降職
quit [kwít]　辞職する
install [instɔ́:l]　取りつける
shoplifter [ʃáplìftər]　万引きする人

《今日の単語》

☞ be disheartened
「くじける」

> "[formal] disappointed, so that you lose hope and the determination to continue doing something ([形式的] がっかりしてあることを続けるうえでの希望と決意を失う)"

前回の be discouraged と似たような定義に思えるかもしれませんが、ところがどっこいやはり明確な違いがあります。

discouraged は「no longer having the confidence」で、続けるうえでの confidence =確信、自信を失いましたが、こちらの disheartened のほうは determination =決意に加えて hope（希望）まで失ってしまうのです。

自分にそれができる、と思う confidence を失うのも痛いですが、「きっとうまくいく」と思う、将来に対する hope を失うのもかなりの打撃。希望が持てなければ当然前へは進めず、おのずと「やるぞ！」という determination も失ってしまいます。

また、disheartened はロン解の冒頭に [formal] とあるように、形式的な語であるという点も覚えておきましょう。ビジネスでもフレンドリーな間柄よりは、書き言葉とかあまり面識のない相手と話す場合や改まった席でなど、丁寧な言い回しが必要なときに使われる語です。

自分にできるかどうかはさておいても、将来に対する前向きな気持ちや希望まで奪うような出来事にあったときは（あってほしくないですが）、be disheartened というのが適しているでしょう。

《《今日の例文》》

1 **Do not be disheartened if you cannot see quick results.**
すぐに結果が出なくてもくじけてはいけませんよ。

2 **She was disheartened because of the corporate restructuring.**
会社のリストラのせいで、彼女はそれ以上そこで働く気力を失った。

《《今日の単語、おかわり！》》

quick result	すぐに出る結果
corporate [kɔ́ːrpərət]	法人の
restructure [riːstrʌ́ktʃər]	〜の構造を改革する

〈今週の単語 be disappointed / be disillusioned / be discouraged / be disheartened / feel let down〉

《《今日の単語》》

☞ feel let down
「期待を裏切られてがっかりする」

"to feel disappointed because someone did not do what they promised to do, or did not help you when you needed them（人があなたに約束したことを行わなかったり、あなたが必要とするときに助けてくれなかったために、がっかりすること)"

disheartened とは反対に、こちらはずっと口語的な動詞句です。ただ単に落胆するのではなく、誰か特定の人が自分の期待を裏切ったために、その人に対してがっかりする、失望する、という意味。その人が自分に何かを約束していたり、本来助けるべき立場にあった、その結果自分は相手に対して期待を抱いていた、という背景があるのが特徴です。

ロン解中には特に [informal]（口語）というような注釈はありませんが、冒頭で述べたように比較的くだけた表現なので、disheartened とは逆に改まった場では使用を控えたほうがよいでしょう。

《《今日の例文》》

1 We can't blame her for feeling let down - she had been promised a promotion, but it didn't come true.
彼女が落胆するのも無理はない。彼女は昇進を約束されていたのに裏切られたのだから。

2 New recruits are feeling let down because the executives themselves are getting out of line.
経営幹部の人間が自社のポリシーに反したことをしているために、新入社員が失望している。

《《今日の単語、おかわり！》》

blame [bléim]	非難する
promotion [prəmóuʃən]	昇進
recruit [rikrúːt]	新米
executive [igzékjətiv]	経営幹部
line [láin]	方針
get out of line	方針に反した行いをする

〈今週の単語 be disappointed / be disillusioned / be discouraged / be disheartened / feel let down〉

第13週

involve とその仲間たち

《 今週の単語 》

involve

relate

concern

take part

be associated with

「関係する」に相当する英語は非常にたくさんありますが、その意味としては、
1) 内容が近い、似ている
2) 接触する
3) 物事や活動、グループの一部として含まれる、加わっている

　主に、この3つに分けられるような気がします。

　今週はこの「関係する、関連する」という意味の単語たちについて、順に見ていきたいと思います。

《《今日の単語》》

☞ involve
「含む、関係させる」[inválv]

"if an activity or situation involves something, that thing is part of it or a result of it (ある活動や状況が何かを involve すると言う場合、その事柄はその活動または状況の一部、または結果である)"

さて、今日のボキャ「involve」です。
この単語は、前述の1)から3)でいうと、3)の意味での「関係する」になります。基本的な概念としては、「一部として含む」ということです。影響や結果、あるいは原因、材料、メンバーとして「その一部に含む」場合に、この involve を使います。
さらに、この単語は他動詞ですので、

・A involves B

という場合は、

A は B を含む（＝ A には B が関係する）

となります。
この involve を過去分詞形にして形容詞的扱いにし、

B is involved in A

とすると、B を主語として際立たせることができ、意味も、
「A には B が関係している、含まれている」
となります。日本語の発想により近いのはこちらでしょう。

ボキャとは少しズレますが、この involve のように、他動詞の過去分詞形は文法上は形容詞と同様になり、辞書でも形容詞として独立して扱われていることがほとんどです。

他動詞として使う場合、形容詞として受身的に使う場合では、それぞれ主語が異なります。日本語の意味として、「何が主役＝主語か」をまず考えると、訳しやすいでしょう。

《《今日の例文》》

1 This job involves programming skill.
この仕事にはプログラミングの能力が必要です。

2 I was involved in the ABC development project.
ABC 開発のプロジェクトの一員として携わった。

《《今日の単語、おかわり！》》

skill [skíl]　　　　　　　　　技能
development [divéləpmənt]　開発

《《今日の単語》》

☞ **relate**

「関連させる」[riléit]

1) 内容が近い、似ている
2) 接触する
3) 物事や活動、グループの一部として含まれる、加わっている

さて、前回の「involve」は、「一部として含む」という基本的な意味がありました。上の3つで言うと、3番目にあたります。

一方、今日ボキャの「relate」は、1) の「内容が近い、似ている」のカテゴリに入ります。ロングマンによると、

> "if two things relate, they are connected in some way (2つの事柄が relate しているというとき、その2つは何らかの形でつながりがある)"

と定義されています。

「類似」という「近い」ではなくても、「何らかの形でつながりがある」という場合に「relate」が使われます。involve のように、「一部として含んでいる」かどうかは問いません。

ちなみに、上のロン解の定義は自動詞ですが、
「A は B に関連している」
というふうに使う場合は、

A relates to B

と、前置詞 to を使って表現します。

またこのrelateには他動詞もあって、その場合は、

(人) relates A to B

で、「(人が) AとBを関連させる」という意味になります。
　いやはや、文法項目が入ってくると、ちょっとややこしいですね。そもそも、前回のinvolveも含め、いきなり形容詞の「involved」や「related」をご紹介して、自動詞だの他動詞だのという説明を省くこともできたのですが、もともとは動詞として存在している語が「形容詞化」してできたものなので、やはり全体像を把握するには、基本の動詞からきちんと取り上げたほうがよいと判断しました。今週は、普段よりちょっと「お勉強モード」(笑) かもしれませんが、がんばりましょう。

《《今日の例文》》

1 **I've handled a job which relates to greening.**
　環境緑化に関係した仕事をしたことがある。

2 **Project Q and project X are closely related.**
　プロジェクトQとXは密接な関連がある。

《《今日の単語、おかわり！》》

handle [hǽndl]　扱う
green [gríːn]　緑化する

〈今週の単語　involve ／ relate ／ concern ／ take part ／ be associated with〉

《《今日の単語》》

☞ concern
「関係させる、影響する」[kənsə́ːrn]

1) 内容が近い、似ている
2) 接触する
3) 物事や活動、グループの一部として含まれる、加わっている

今日ボキャの「concern」はというと、上記のどれに当たるのでしょうか？

答えは、3) です。involve と同じですね。では具体的にどのような意味があるのでしょう。

"If an activity, situation, rule etc concerns you, it affects you or involves you（ある活動、状況、決まり事などがあなたに concern する、という場合、それがあなたに影響する、あるいはあなたを巻き込む、ということを指す）"

involve と同じカテゴリとはいえ、微妙にニュアンスが違いますね。必ずしも文字通り「巻き込む、一部に含む」とは限らず、「影響する」という意味において、間接的に「巻き込む」場合に、この concern が使われます。

concern は involve 同様、他動詞ですので、用法と意味は、
A concerns B（A が B に影響を与える、関わりを持たせる）（例文 1）
となります。より日本語的発想に近いのは、受身でいう、
B is concernd in/with A（B は A に関係している）（例文 2）
になります。

過去分詞 concerned の後の前置詞 with と in の使い分けですが、with のほうはより「影響」という意味で「関わる」場合、in は直接関与、加わる、という意味で「関係する」場合、というのが大まかなルールです。

さらに、これまでの他の他動詞同様、この concern にも、過去分詞の形容詞化したもので「concerned」があります。ただ、形容詞とはいえ、通常は名詞の前ではなく後につけるのが注意点です。

people concerned　関係者たち
laws concerned　関係する法律
qualifications concerned　関係する資格

という具合です。

《《今日の例文》》

1　The change in the system of taxation will directly concern our service.
今回の税制における変化は私たちの業務に直接影響してくるだろう。

2　The organization is concerned with the prevention of domestic violence.
その組織は、家庭内暴力の防止に関わっている。

《《今日の単語、おかわり！》》

taxation [tækséiʃən]　税制
prevention [privénʃən]　防止

〈今週の単語　involve / relate / concern / take part / be associated with〉

《《今日の単語》》

☞ take part
「関わる、参加する」

"to be involved in an activity, sport, event etc together with other people（ある活動、スポーツ、イベント等に、他の人々と一緒に関与・参加すること）"

1) 内容が近い、似ている
2) 接触する
3) 物事や活動、グループの一部として含まれる、加わっている

　上のロングマンの定義から見て分かるように、今日のボキャ「take part」も、上記3つのうちの3)「一部として含まれる、加わっている」というカテゴリに入ります。
　part は「一部、役割、一端」といった意味合いで、それを「take（取る、担う）」で、「一部として関わる」「関与する」「参加する」という意味になります。
　これまでの同一カテゴリのボキャとの違いは、まず「together with other people（他の人々と一緒に）」の部分。もちろん、これまでのボキャの場合も、他の人たちの存在を否定してはいませんでしたが、積極的に意味に含めているのはこれが最初。
　part というからには、当然「全体の一部」なのであって、ということは、あなたが take した part 以外の残りの部分があるわけで、その部分をそれぞれ「part」として take する人たちがいるはず、という発想ですね。みんなで parts を分け合うというか。
　さらに、解説は「be involved in」という受身形が使われてい

るとはいえ、そもそもの take は他動詞の能動態。つまり、「自ら」参加する、関わる、といったニュアンスがそこにはあるのです。

これが、be involved や be concerned となると、あくまで直訳は、「主語」が「関わらせられた」、「巻き込まれた」と受身ですので、take part のような「自ら」という意味であるとは限らないわけです。

この take part の part の前には、さまざまな形容詞をつけることが可能です。また、「～に（おいて）」関わった、参与したと言う際の前置詞は、「in」になります。

《《今日の例文》》

1 He took part in the company restructuring.
彼は社内改革に積極的に参加した。

2 More than 1,000,000 workers took part in the strike.
そのストライキには、100万人以上の労働者が関わった。

《《今日の単語》》

☞ be associated with
「関連付けられる」

1) 内容が近い、似ている
2) 接触する
3) 物事や活動、グループの一部として含まれる、加わっている

「うっそぅ〜」のような発音（？）の今日ボキャ associate。
「○○アソシエーション」のような名詞形（association）で、よく聞くかもしれません。

"(be associated with で) to be connected with a particular subject, activity, group etc.（特定の物事、活動、グループなどにつながりのあること）"

「関連」という意味における associate は他動詞ですので、そのままだと「（頭の中で２つ以上の物事を）関連付ける、結びつける」といった意味になります。「関連する、関係がある」という意味になるのは上記のロン解が説明している受身の be associated with ですのでご注意を。

この associate は、上記３つのうちでいうと、特に２と３を含んだような意味合いです。辞書を引くと分かりますが、この associate は、ラテン語の as（〜へ）と socius（仲間）から来ており、「仲間へ加わる、一緒になる」といったニュアンスを持っています。ちなみに、「社会」を意味する「society」も、この socius が語源です。こう考えると、よく分かりますね。

relateのような、強い直接的な原因と結果のつながりよりは、相互に影響し合う、結びつきがある、という感じの「関連、関係」がある、という意味合いです。ちょうど「朱に交われば赤くなる」というような関わり方ですね。ここでも、語源のsocius（仲間）の意味が出ています。

《《今日の例文》》

1 The repeated troubles with the OS are associated with some bloatwares already installed.
度重なるOSの不具合は、すでにインストールされているいくつかの重たいソフトと関係がある。

2 Low academic performances among children are associated with the family environment in which parents are away a lot.
子供たちの学力の低下は親が留守がちな家庭環境と関連付けられる。

《《今日の単語、おかわり！》》

bloatware	重たいソフトウェア
academic performance	学力
environment [enváiərnmənt]	環境
be away	不在である

第14週

handle とその仲間たち

《 今週の単語 》

handle

cope with

deal with

manage

take care of

今週は、状況や物事を扱う、対処する、あるいは問題に取り組む、というときの言い方を学びます。

《《今日の単語》》

☞ handle
「うまく扱う」[hǽndl]

"to deal with a situation or problem by behaving in a particular way and making particular decisions（ある状況または問題に対して、特定の行動を取り特定の決断をすることによって対処する）"

定義中に出てきているキーフレーズ「deal with」については 182 ページで解説しますが、ロングマンの中ではほぼ同義語として扱われているようです。実際の場面でも相互に置き換え可能な感じで「扱う」という意味で使われることが多いですが、念のため Webster の定義を見ると、handle の微妙なニュアンスが分かります。

Webster の handle の定義は、

"to have overall responsibility for supervising or directing（監督したり指示したりする全般的な責任を持っている）"

さらには、

"to act on or perform a required function with regard to（あることに関して求めに応じる、または必要な作業を実行する）"

となっていて、特定の物事または状況からして「必要またはそ

の責任がある作業を実行する」という、制御された活動のニュアンスを持っています。そもそも handle は hand（手）から来ていますので、日本語でも「手中に収める」等というように、コントロールする、思うとおりに扱う、というポジティブな雰囲気があります。というわけで、handle には「扱う」というほかに「担当する」とか「処理する」という意味合いもあります。

　deal with との違いについては、deal with の解説中で取り上げてみたいと思います。

《《今日の例文》》

1　**Let me handle it. / I think I can handle it.**
　　わたしに任せてください。

2　**If you handle it successfully, then you can stand on your own two feet.**
　　この問題を処理できれば、君も一人前だ。

《《今日の単語、おかわり！》》

stand on one's own feet　独立している

《《今日の単語》》

☞ cope with
「うまく対処する」

"to succeed in dealing with a difficult problem or situation（難しい問題や状況にうまく対処する）"

ここでも deal with が出てきてしまいましたが…、ポイントは succeed in という部分で、単に扱う、対処する、という以上に、その点で「成功する」、つまりうまくやる、ベストな方法で対応する、という意味を持っているのが今日の cope with です。

いまだ「扱って」いる段階ですので最終的に解決できるかどうかまでは判定できませんが、現段階では解決への近道を最善の方法で進んでいる、そんなニュアンス。

前回の handle と比べると、Webster の定義からも分かるように、handle には「必要な対処をしてコントロールする」というニュアンスがあるため、cope with の意味合いがもともと含まれている要素があるのですが、それでも「難しい問題や状況にうまく」対処する、という意味合いを際立たせて表現するには cope with というフレーズがピッタリといえるでしょう。

《《今日の例文》》

1 Our staff are doing a great job coping with low budget.
低予算にもかかわらずスタッフはよくやっている。

2 I'm not sure if I can cope with the pressure of being in that position.
その立場でプレッシャーを受けながら、うまくやっていけるか分かりません。

《《今日の単語、おかわり！》》

budget [bʌ́dʒət]　予算

《《今日の単語》》

☞ deal with
「対処する」

"to take the necessary action, especially in order to solve a problem [= handle]（必要な行動を取ること、特にある問題を解決するため [＝うまく扱う]）"

　deal とはもともと、「自分の取り分」を指す名詞から来ています。そこから、賭博や商取引などで、自分が得るべき相応の分を得ること、またはそのために駆け引きややり取りをすることを意味するようになったようです。ですので今日の deal with には、単に扱う、解決のための行動を起こす、という以上に、「相応の分を得て落ち着くべきところを目指す」という意味合いが含まれています。完璧でも理想でもないかもしれないが、とりあえず個々の取り分は確保する。それぞれ満足しうるところで妥協もしながら全体的なバランスの回復を目指す。そんなニュアンス。

　handle ほどスマートではありませんが、状況をうまく扱うために積極的に行動している様子を表現できますし、cope with ほどの「難しい問題」には遭遇していないにしても「一定の解決」が求められている状況にあることも deal with の意味には含まれています。

　なにか放ってはおけない事態が目の前にあり、関係者それぞれがそれなりに満足や納得のいくレベルに到達するよう積極的に行動すること、というのが deal with の伝える意味と言えるでしょう。

　ちなみに、上記と相反するようですが、deal with には「題目

として扱う、取り上げる」というニュートラルな意味もあります（たとえば本や話題や会議やテレビ番組など）ので念のため。

《《今日の例文》》

1 Lack in security measures for emergent situations needs to be dealt with immediately.
非常時の安全対策の不足については早急な対応が求められている。

2 He dealt with the different viewpoints of the two parties successfully.
双方の見解の違いを、彼はうまく調整して収めた。

《《今日の単語、おかわり！》》

lack [lǽk]　　　　　　不足
measure [méʒər]　　　手段
emergent [imə́ːrdʒənt]　緊急の
viewpoint [vjúːpɔ̀int]　観点
party [páːrti]　　　　　当事者

〈今週の単語　handle ／ cope with ／ deal with ／ manage ／ take care of〉

《《今日の単語》》

☞ **manage**
「巧みに処理する」[mǽnidʒ]

ロングマンには数々の manage の定義があるのですが、どうもピタッ！　とひとつにまとめている解説がない…ので Webster の定義を参照してみます。

"to handle or direct with a degree of skill as to treat with care (注意深く扱うため一定の技術を使って処理したり指導したりする)"

これです、これ。対象が「難しい」問題かどうかはともかく、何らかの理由で注意深い扱いが必要で、そのために単なる対処ではなく一定の技術やノウハウを生かして特化した取り組みをする。

deal with も cope with も技術やノウハウの有無は問いませんでしたが、manage では「扱い注意」の物事をうまく処理するために、一定レベルの技術や知識や努力が求められているわけです。

manage は実は handle と同じようにラテン語で「手」を意味する manus という単語から来ています。でも handle と違う点は、上述したような「一定の技術やノウハウや知識」を使って取り組む、扱う、という点。

顧客の苦情を扱う、という場合も、handle なら技術や知識の有無はともかく、たとえばもともと人好きでコミュニケーション上手な人とか、苦情処理になれた人なんかでもうまく対処できる

感じがしますが、manage というと、苦情対応に特化した何らかの技術や知識やノウハウを持っていて、それを生かして首尾よく対応する、ということになります。同じ「手」でも、manage のほうは「職人の手」という感じです。

《《今日の例文》》

1 **The maintenance of the president's car is managed by a full-time mechanic.**
会長の車の整備は、専任の整備士が行うことになっている。

2 **The negotiation needs to be managed by a lawyer since some legal issues are concerned.**
その交渉は法的な問題が絡んでいるので、弁護士が対処すべきだ。

《《今日の単語、おかわり！》》

maintenance [méintənəns]	保全
full-time [fúltáim]	専任の
mechanic [məkǽnik]	修理工
negotiation [nigòuʃiéiʃən]	交渉
lawyer [lɔ́:jər]	弁護士
legal issue	法的な問題

《今日の単語》

☞ take care of
「処理する」

"to deal with all the necessary work, arrangements etc（必要な作業や取り決めすべてに取り組む）"

シリーズ最後のボキャは「take care of」。このフレーズそのものは、「〜の世話をする」という意味で中学生時代に習った記憶がありますが（定かではない）、今日扱う意味は「特定の物事に関連した作業や手続きをすべて行う」というものです。広い意味ではこれも「世話」といえなくもないですね。

handle や cope with のような、succeed in（うまくやる、ベストな方法で対処する）という、対処の仕方のよしあしよりは、「必要な作業を全部やる」、それを「面倒を見る」というニュアンスを持ち、取引のような積極的な行動を起こす deal with よりは「必要な作業をする」という点でちょっと受身かもしれません。

顧客の苦情をふたたび例に挙げると、
・handle the complaints
→担当者のスキルや経験等は問わずうまく対応する
・cope with the complaints
→もともと複雑で対処の難しい苦情にうまく対応する
・deal with the complaints
→とにかくできることは全部して一生懸命対応する、成功度は担当者のスキルや経験次第
・manage the complaints
→専門知識やスキルを生かして首尾よく処理するニュアンス

・take care of the complaints
→結果どうなるかはさておき、苦情を聞きこちら側の言い分を説明し相手に分かってもらううえで必要と思われる作業はすべてやって対応する

　こんな違いが出てきます。苦情処理を誰かに任せるときに、相手が「I can handle it.（任せてください）」とか「I can manage it.（何とかしましょう）」と言ってくれたら頼もしいですが、「I'll take care of it.（処理するだけならするよ）」と言われたら、相手によってはどんな"処理"になるのかちょっと…心配なこともあるかもしれません（汗）。

　とはいえ、うまくやるかどうかはさして問題ではなく、とにかく必要な作業を全部やって処理を完了してほしい、という場合なら、「I'll take care of it.」と言ってくれる人の存在はありがたいといえるでしょう。

《《今日の例文》》

1　"What about those kvetchy e-mails?"
　　"Don't worry, they've been taken care of."
　　「例の苦情たらたらのメールはどうしよう？」
　　「心配ご無用、もう処理済みよ」

2　Will you take care of this pile of papers for me?
　　この書類の山を何とかしておいてくれないか？

《《今日の単語、おかわり！》》

kvetchy [kvétʃi]　苦情だらけの
pile [páil]　　　　山

第15週

accept とその仲間たち

《 今週の単語 》

accept

adopt

comply with

agree to

support

英字新聞を読んでいて、新手法を accept する、adopt する、support する、という 3 つの表現が使われているのが目に留まりました。それぞれ「受け入れる、採用する、支持する」という意味になりますが、根幹は共通した意味を持っています。

このシリーズでは「受け入れる、支持する」という言い方を、ニュアンスやシチュエーションの違いに注意しながら学びたいと思います。

《《今日の単語》》

☞ accept
「受け入れる」[əksépt]

"to agree to take or deal with something that someone gives you, or to say that it is suitable or good enough（人が与えるものを受け取ったり扱ったりすることに同意する、あるいはそれが適切であるとか十分であると言う）"

「受け入れる」という意味ではおそらくもっともよく一般的に使われる表現です。

ロン解の「与えられるものを受け取る」という部分が特にポイントで、この語の語源であるラテン語のcapere（「受け取る」という意味）からしても、受身な立場で「受け入れる」というニュアンスを理解できます。

一方、Websterの定義を見ると、acceptには他にも、

"to give admittance or approval to（認可や承認を与える）"

という意味もあります。これは個人間で使われる場合よりもっと大きな組織や企業レベルで使われる用法かもしれません。たとえば、例文1のように。

これはacceptの定義からすれば、本社が積極的にその販売店を見出して採用したのではなく、販売店から申し出なり申請を受けて吟味のうえ、認めた、というニュアンスです。

《《今日の例文》》

1 **Head office has accepted the dealer as one of its qualified agents.**
本社はその販売店を正規代理店のひとつとして認可した。

2 **Please accept our sincere apologies for any inconvenience this may cause.**
この件では大変ご迷惑をおかけし、心からお詫び申し上げます。
(字義的には、「私どもの心からの謝罪を受け取ってください」という意味。レターなどでよく使う)

3 **He decided to accept the new assignment.**
彼は新たな職務を受け入れることにした。

《《今日の単語、おかわり！》》

dealer [díːlər]	販売店
qualified [kwάləfàid]	資格のある
agent [éidʒənt]	代理店
sincere [sinsíər]	誠実な
apology [əpάlədʒi]	謝罪
inconvenience [ìnkənvíːnjəns]	不自由
cause [kɔ́ːz]	引きおこす
assignment [əsáinmənt]	任務

〈今週の単語 accept / adopt / comply with / agree to / support〉

《《今日の単語》》

☞ **adopt**
「採用する」[ədápt]

"to start to deal with or think about something in a particular way（特定の対応方法や考え方を始める）"

うぅ。ロン解、はっきり言って分かりづらい（怒）のでWebsterの定義も参照します。

"to accept formally and put into effect（正式に受け入れ実行に移すこと）"

なるほど、スッキリです。ロン解のほうは、Websterの定義の結果、という感じがしますね。いずれにしても、ある方式や考え方やその他諸々を受け入れて実際に使う、採用する、という意味です。ビジネスですのでWebsterにあるformallyというのは結構ポイントです。個人がなんとなく「いいな」と思って真似たり試してみたりするというのではなく、「今度からこの方法を用いる」として正式に受け入れるのがadoptです。

語源がラテン語で「選ぶ」という意味のoptareですのでなおさら、意識して選択した、考慮の末受け入れることにした、というニュアンスになります。

さらに前出のacceptと比較した場合、adoptには「選ぶ、選択する」という意味合いがある以上、キッカケは他からの勧めであったとしても、受け入れる時点では自ら適切なものとして選んで採用する、という意味でacceptより積極的といえるでしょう。

《《今日の例文》》

1 **Our office adopts flextime from next year.**
   職場では来年からフレックスタイム制度を導入する。

2 **We adopt environment-friendly recycled materials across the board.**
   わたしたちは全社的に環境に優しい再利用品を使用しています。

《《今日の単語、おかわり！》》

environment-friendly	環境に優しい
across the board	例外なく

〈今週の単語 accept / adopt / comply with / agree to / support〉

《今日の単語》

☞ comply with
「遵守する」

"[formal] to do what you have to do or are asked to do（[形式的] しなければいけないこと、またはするように求められていることをする)"

上記は comply のロン解。なんだかまどろっこしい定義ですが（汗

わたしが企業に勤めていたときに、「法令順守プログラム」なるものが社内で始まり、あーめんどくさーと思っていたのですが、その後どうなったのでしょうか。この「法令順守」は comply の名詞、compliance ですので聞いたことがある方もいらっしゃるかもしれませんね。

何かしらの要求や規定などで示されている「must」にしたがって行動する、準拠する、というのが comply with の意味するところ。で、with の先に、その準拠する相手を指す名詞を持ってきます。

そうしたいかどうか、というよりも、「受け入れなければならない」ために従う、ということですから、前出の accept, adopt よりもはるかに受身です。基準や法規や方針に従う、などというときによく使われるフレーズです。

《《今日の例文》》

1 **This does not comply with our safety standards.**
これは当社の安全基準に適合していません。

2 **We regret that we are unable to comply with your thoughtful request.**
記者の思慮深いご要望にお答えできず、まことに残念です。

《《今日の単語、おかわり！》》

standard [stǽndərd]　　基準
regret [rigrét]　　後悔する
thoughtful [θɔ́:tʃl]　　思慮深い

〈今週の単語　accept ／ adopt ／ comply with ／ agree to ／ support〉

《《今日の単語》》

☞ agree to
「承諾する」

"to say yes to an idea, plan, suggestion etc（ある考えや計画や提案などを承諾する）"

 agree というと「賛成する」となりそうですが、ここでの意味はロン解にあるように「say yes」、イエスと言う、つまり承諾する、了承する、という意味になります。
 Webster では、

"to consent to as a course of action（行動の方針として同意する）"

 つまり、特定の行動をとることについて同意する、という意味だと説明しています。
 「あー、わたしもそう思うー」だけだと「賛成」や「同意」にすぎませんが、say yes ですと「自分もそうします！」と言うことになり、Webster の「特定の行動をとること」につながります。
 この agree to、accept の定義に出てきていましたが、accept は「受け取ること」に限って agree to するということでしたから、この２つを比べると今日の agree to のほうが accept よりも積極的なニュアンスであることが分かります。

《《今日の例文》》

1 I don't understand why the president agreed to the merger.
社長がどうして合併を承諾したのか理解できない。

2 He wouldn't agree to be the team leader.
彼、チームリーダーには絶対ならないと言うんです。

《《今日の単語、おかわり！》》

merger [mə́:rdʒər]　合併

〈今週の単語　accept ／ adopt ／ comply with ／ agree to ／ support〉

《《今日の単語》》

☞ **support**
「後押しする」[səpɔ́ːrt]

"to say that you agree with an idea, group, or person, and usually to help them because you want them to succeed（ある考えやグループまたは人に同意していることを表明する、また通常はそれらの考えやグループや人の成功を願って手助けすることも含む)"

「同意を表明して手助けもする」。一般には「支持する」と訳される動詞 support ですが、自分自身がそのものを実行したり取り入れたりまではしないけれど、方法論とか考えとしては同意して、それを行っている他者を援助することで自身の同意を表明する、ということです。したがって、accept と比べた場合、行動面では accept より受身というか、遅れた感じかもしれませんが、同意してできる限り支援するという気持ちの面では、差し出されたものを「受け入れる」accept よりも前向きな感じがします。

たとえば自分のところは自動車工場だけど、エコロジー活動には同意しているので、直接的なエコロジー活動を実施しないまでも、ゴミの分別を徹底したり、ゴミそのものを減らす努力をしたり、売り上げをエコ活動している団体等に一部寄付したりして support する、という感じ。これが、使う材料を環境に優しいものに変えたり、廃材をリサイクルしたりして積極的にエコ活動を取り入れるようになれば、adopt していると言えるようになりますから、support は adopt の一歩手前、ということになるかもしれません。積極的な順に整理すると、

adopt
agree to
support
accept
comply with

という具合でしょうか。
　表面に見える範囲では自分の一部にはなっていないけど、考えの部分では一体化している。業種だとか会社の方針とかで完全に「取り込む」ことはできなくても、賛同して援助することで「受け入れ」ていることを表現する。support はそんなニュアンスです。

《《今日の例文》》

1　I want to work for a company where working parents are fully supported.
子育て中の共働き夫婦をしっかりサポートしてくれる会社で働きたいわ。

2　Our company supports self-education of the employees.
わが社は社員の自主学習を支援している。

《《今日の単語、おかわり！》》

self-education　　　自主学習
employee [emplóii:]　従業員

〈今週の単語　accept / adopt / comply with / agree to / support〉

第16週

build up とその仲間たち

《 今週の単語 》

build up

increase

add to

strengthen

develop

人や会社との関係や知識、スキル、資産、スタッフの数から商品の数まで…。強さや量、数、程度が「増す」というときの表現を学んでみましょう。

《今日の単語》

☞ build up
「築き上げる、徐々に増やす」

"to develop gradually by increments（増加によって徐々に発展させる）"

こちらはロン解ではなく Webster の解説です。
あるものに、付け加えたり、強化したり、鍛えたりして、徐々に大きくしていく、という意味。
何かの大きさや強度を増す場合に使う表現ですが、ロングマンの注釈では、

"if the number or amount of something builds up, it increases gradually so that there is much more than there was before（あるものの数や量が build up すると言う場合は、だんだんと増えて以前よりもずっと多くなることを意味する）"

と述べて、文字通りの数を増す場合も使えるとしています。
また、感情について言う場合には特に、「ある気持ちを徐々に強くする」という意味になります。
ほかにも代表的な言い方ですと、partnership（パートナーシップ）や friendship（友情）、network（ネットワーク）や fund（資金）、system（システム）を大きくしたり強くするのに、build up という語句が使われます。

《《今日の例文》》

1 We have built up a better and ideal relationship over the past 10 years.
我々は 10 年かけて理想的でよりよい関係を築いてきた。

2 The traffic on this road is building up.
この通りはだんだん交通量が増している。

《《今日の単語、おかわり！》》

ideal [aidíːəl]   理想的な
traffic [trǽfik]   交通

〈今週の単語 build up ／ increase ／ add to ／ strengthen ／ develop〉

《《今日の単語》》

☞ increase

「増やす」 [inkríːs]

> "if you increase something, or if it increases, it becomes bigger in amount, number, or degree（あるものを increase する、あるいはあるものが increase するという場合、それは量や数や程度において大きくなる)"

今日の increase は、数や量、程度を「増す、増やす」という意味では、もっとも中性的な単語のひとつです。もちろん、ボキャブラリーを増やすという場合なら、increase vocabulary。

他にも、increase rent（家賃を上げる）、increase the likelihood of...（…の実現の可能性を高める）、increase difficulty in finding jobs（仕事を見つけるうえでの困難さを増す＝仕事を見つけるのがますます大変になる）など、あらゆる場合に使うことができます。

ちなみに、increase も build up も、自動詞（増える）・他動詞（増やす）のどちらの用法もあります。結果的に増える、増やす、の意味ならどちらでもよいですが、徐々に積み上げていく、といったニュアンスを持たせたいときは、build up のほうがよいでしょう。

《《今日の例文》》

1 **Visits to our site have increased dramatically since the new product was released last month.**
先月新商品が発売されてから、サイトへのアクセスが劇的に増えている。

2 **We have increased our staff from 50 to 65 people.**
スタッフを 50 名から 65 名に増やしました。

《《今日の単語、おかわり！》》

dramatically [drəmǽtikli]　　劇的に
release [rilíːs]　　　　　　　売り出す

《《今日の単語》》

☞ **add to**
「増す、増し加える」

"to make a feeling or quality stronger and more noticeable（感情や質を強め、より顕著にする）"

すでにあるものをさらに強めること、強力にすることという意味ですね。add というと、「加える」＝新たな別のものが加わる、と考えがちですが、そうではなくて、あくまで、今あるものの強さや程度を増すことです。

単に質をよくする、強化する、という以上に、「more noticeable」ということですので、その特徴を強め、目立たせる、はっきり際立たせるというニュアンスです。

発音について言えば、add と to を分けて発音するとおかしくなります。add の「d」と、to の「t」は音声上一体化しますので、続けて [a:' tu:　ア：' ットゥ：] と読みましょう。

《《今日の例文》》

1 She was upset by her reduced salary, and the notice of the transfer added to her worry.
彼女は減給で落ち込んでいたところに転勤の知らせを受け、ますます不安になった。(彼女の不安を増した＝彼女はますます不安になった)

2 The success added to his confidence.
成功して彼はますます自信が付いた。

《《今日の単語、おかわり！》》

upset [ʌpsét]　　　　　取り乱した
reduced [ridjúːst]　　　減少した
notice [nóutəs]　　　　通知
confidence [kάnfidəns]　自信

〈今週の単語　build up ／ increase ／ add to ／ strengthen ／ develop〉

《《今日の単語》》

☞ strengthen
「増強する」[stréŋkθn]

> "to become stronger or make something stronger (強くなる、またはあるものを強める)"

　あるものの力や影響力、効果などを強める、強化する、という意味で「増す」。数や量が増えるというのではなく、直接的であれ、結果的にであれ「力が増す」という意味です。

　では、build up や increase のように「ボキャブラリーを増やす」という場合には使えないのか、というと、そんなことはありません。ボキャブラリーの数を増やすことが、結果的に「語彙力」という"力"を伸ばすのだから、strengthen vocabulary（ボキャブラリーを強化する）というふうに使っても正解です。

　力や効果を増強する、というのだから、strengthen power（力を増す）、strengthen friendship（友情を強める）、strengthen a team（《メンバーを増やして》チームを増強する）というふうにも使います。

《《今日の例文》》

1 Our relationship has strengthened over the years.
我々の関係は年を重ねるごとに強まってきた。

2 Participation in the project strengthened the sense of cooperation.
プロジェクトに参加することで協力の精神が高まりました。

《《今日の単語、おかわり！》》

participation [pà:rtisəpéiʃən]　参加
cooperation [kouàpəréiʃən]　　協力

〈今週の単語 build up ／ increase ／ add to ／ strengthen ／ develop〉

《《今日の単語》》

☞ develop
「増強する、増幅する」[divéləp]

> "to grow or change into something bigger, stronger, or more advanced, or to make someone or something do this（より大きなもの、強いもの、進歩したものに成長する、または変化する。あるいは他の人や物事にそうさせる)"

　あるものを、改良や力を加えることで発展させる、増幅する、という意味です。この場合、数や量よりも、質や中身、規模が増す、増加することを指します。

　より大規模に、あるいは強力に、またはさらに進んだ形へと、徐々に変化・成長する、させるというニュアンス。強さや影響力が増える、という点では、strengthen と同じような意味になります。

　それでも、develop のほうは、単に強めるだけでなく、変化する、成長するというニュアンスが強いです。また、ロン解でも定義されているように、この意味での develop は、自動詞・他動詞とも使うことができます。

《《今日の例文》》

1　This exercise develops your sales talk.
この練習はセールストーク（のスキル）を強化するものだ。
（他動詞）

2　The knowledge of asset management is developing very rapidly among middle-class people.
中流階級の人々の間で資産運用の認識がどんどん高まっている。（自動詞）

《《今日の単語、おかわり！》》

asset [ǽset]	財産
asset management	資産運用
rapidly [rǽpidli]	急速に

〈今週の単語　build up ／ increase ／ add to ／ strengthen ／ develop〉

第17週

consider とその仲間たち

《 今週の単語 》

consider

discuss

weigh

examine

analyse

今週は、自分個人で、あるいはグループや企業として、考察したり検討したりするときの表現を学びたいと思います。

《《今日の単語》》

☞ consider
「検討する」[kənsídər]

「consider」というと「考える（= think about）」とか「みなす」という訳語が出てきそうですが、今日のはちょっと違います。

"to discuss something such as report or problem, so that you can make a decision about it（報告や問題などについて議論し、それに対して決断を下せるようにすること）"

つまり、（正式に）検討する、という感じになります。ただ、よく使われる「～についてよく考える、～するかどうか考慮する」という意味と、今回の「検討する」は、ロングマンでは分けられて定義されている（前者は第一義、後者は第五義）のに対し、とある英和中辞典ではこれらの意味がひとまとまりにされ、第一義になっていました。

広い意味では確かに「考慮する、検討する」で同じ意味にくくれますが、その中で今日の「（正式に）検討する」という意味で使うことは、ビジネスではよく使われる反面、日常生活では比較的少ない、というふうに考えられますね。

解説に出ている「discuss」は後日取り上げますが、「あることについて人と話し合う、意見を交わす」ということですので、会議などのちゃんとした場で「検討する」「是か非か議論する」という場合に、「consider」と言うことができます。

《《今日の例文》》

1 Our team is considering the opinion brief from citizens.
我々のチームは現在、市民から寄せられた意見書を検討中だ。

2 Letters that arrive after the deadline will not be considered.
期日を過ぎて到着した手紙は検討対象から外されます。

《《今日の単語、おかわり！》》

brief [bríːf] 　　文書
citizen [sítəzn] 　市民
deadline [dédlàin] 締切

《《今日の単語》》

☞ # discuss
「討議する」 [diskʌ́s]

"to talk about something with another person or a group in order to exchange ideas or decide something（考えを交換したり、何かを決めるために、他の人（たち）と話し合うこと）"

　昨日の「consider」の解説で、基本となっていた単語ですね。consider のほうが、「(to) make a decision about it（そのことについて決断を下す（ため）」と、目的がより絞られはっきりしていましたから、単に意見を交換することが目的になることもありうる「discuss」は、consider よりはカバーする範囲が広い、意味の広い単語だといえそうです。

　用法ですが、他動詞ですので、直接、目的語が続きます。私、実は学生時代によく、「discuss about it」と言って、間違えていました。なぜか「about」が欲しかったようで…（笑）。アメリカ人の先生に、「discuss」ってどういう意味？　と聞かれ、「to talk about」と答え、では、「discuss about」は？　とまで聞かれて、やっと気づきました。discuss が talk about という意味であれば、discuss about は、talk about about... になってしまいます。変ですよね（泣）。皆さんも気をつけましょう!!

《《今日の例文》》

1 We need to discuss the idea further.
その案についてはさらに討議が必要だ。

2 The application was fully discussed and rejected.
その申請については、徹底的な討議が行われた結果、却下された。

《《今日の単語、おかわり！》》

further [fə́ːrðər]	さらに深く
application [æplikéiʃən]	申し込み
reject [ridʒékt]	拒絶する

〈今週の単語 consider / discuss / weigh / examine / analyse〉

《《今日の単語》》

☞ **weigh**
「比較検討する」[wéi]

"to consider something carefully so that you can make a decision about it（あることを注意深く検討して、決断を下せるようにすること）"

おや？　前に見たような定義…。

それもそのはず、最初の「consider」ととてもよく似た説明です。…ということは、意味としてはほぼ同義語、と考えることもできるでしょう。

ただ、ここで一点心に留めていただきたいのは、「weigh」が、もともと「重さ××になる」とか、「重さを量る」という意味の単語である、ということ。そのために、同じような定義の consider とはいえ、その意味のイメージの広がりからいうと、weigh はとても生き生きとした表現ができる単語でもあるのです。

たとえば、最近はさすがに使っている方を見ませんが、昔重さを量るために使っていた「天秤（てんびん）」を思い浮かべてください。人がそこに重石を加えたり減らしたりして、真剣に、「どのくらいの重さか」を量っている様子をイメージしてください。

ん〜、これではまだ足りない。

うーむ、どこを減らそうか。

どうすれば、バランスが取れるだろう。

…

そんなふうにして、「重さ」＝「価値」を比較考慮し、最終的な結論を導き出そうとする、それが weigh の意味するところです。

《《今日の例文》》

1 We need to weigh the consequences of accepting this offer.
この申し出を受け入れることの結果のよしあしをよく検討しなければならない。

2 Have you weighed the benefits of this campaign against the costs?
このキャンペーンの費用対効果をよく検討してみたか？

《《今日の単語、おかわり！》》

consequence [kánsəkwèns]	結果
offer [ɔ́:fər]	申し出
benefit [bénəfit]	利益
campaign [kæmpéin]	キャンペーン
against [əgénst]	〜と比較して

〈今週の単語 consider / discuss / weigh / examine / analyse〉

《《今日の単語》》

☞ examine
「吟味する」[igzǽmin]

"to look at something carefully and thoroughly because you want to find out more about it（ある事柄についてより多くの情報を得るため、注意深く徹底的に調べる）"

　前回の weigh は「決断を下せるように」よく検討する、ということでしたが、今回の examine は「より多くの情報を得るため」という点がポイント。まだ決断する以前の段階で、「より詳しく調べる」という感じの単語です。

　さらに、同じく前回の weigh では、重さを量る天秤のたとえを使いましたが、今日の examine は実際に、語源が「天秤の針」という意味のラテン語（examen）なのです。天秤は重さを量る道具ですが、重さ、すなわちそのものの価値を見る、という点では examine と weigh は共通しているといえそうです。

　いまだ決定する段階でないとはいえ、そのものがどんなものなのか、何が関係しているのか、どんな価値があるのか、全体的に調べてより多くの情報を得、将来的な判断の材料にする、そんなニュアンスです。

《《今日の例文》》

1 The accountants examined AAA company's financial records.
会計士たちは AAA 社の会計書類を厳しく点検した。

2 All advertisements are examined beforehand.
すべての広告は事前に吟味検討されます。

《《今日の単語、おかわり！》》

accountant [əkáuntənt]	会計士
financial [fənǽnʃl]	財務上の
advertisement [ædvərtáizmənt]	広告
beforehand [bifɔ́ːrhænd]	あらかじめ

〈今週の単語　consider ／ discuss ／ weigh ／ examine ／ analyse〉

《《今日の単語》》

☞ analyse
「詳細に考察する、分析する」[ǽnəlàiz]

"to examine or think about something carefully, in order to understand it（ある事柄について理解を深めるため、吟味する、または注意深く考察する）"

前回の examine が定義内に出てきていますね。定義そのものも似ているような気がしますが、ロングマンの考察では以下のような説明も加えられています。

"to carefully examine information, reports, the results of tests etc, in order to understand something better（ある事柄をより深く理解するため、情報やレポートや実験結果などを注意深く吟味する）"

examine が「look at carefully（注意深く調べる）」だったのに、その examine にさらに carefully がついています。いったいどれだけ注意深くなれと！
いえ、この analyse は実際、これ以上深く詳細に注意深くはできない！ というくらいまで、徹底的に細かく調べ、検討する、そんなニュアンスなのです。
もともとはギリシャ語の analyein が語源で、「ほどく、ばらばらにする」という意味。天秤で重さを量るのとは大違いで、まるで解剖するかのごとく、細かくばらばらにして調べる、ということ。「分析」という日本語とも通じますね。

222

ですので、何かを徹底的に細分化して詳しく調べる、考察するというときには、単に「検討する（consider）」と言うよりも analyse のほうが適した表現といえるでしょう。

《《今日の例文》》

1 **We have adopted a new computer program to help analyse all the sales figures.**
全売上高を徹底的に吟味検討する一助として、新しいコンピュータプログラムを導入した。

2 **You need to analyse your skills to be a better salesperson.**
販売員として上達したいなら自分のスキルをよく分析してみる必要がある。

《《今日の単語、おかわり！》》

adopt [ədápt]	採用する
figure [fígjər]	数字
salesperson [séilzpə̀ːrsn]	セールスマン

楽しく英語を学びたい！

失敗しない辞書の選び方・使い方

英語を学ぶうえでは、辞書は不可欠です。

辞書については、「どんな基準で選んだらよいか？」「電子辞書ではだめか？」「英和辞典よりも英英辞典を使うべきか？」「自分に最適の辞書は？」といったご質問をよく受けます。

特に英英辞書については、たまにどこかで勧められることはあるにしても、実際に使ってみると「分からない単語の、説明文がさらに分からない」という現象（！）が苦痛で、一般的には「広く活用されている」「愛用している」というまでにはいたっていないようです。

まず、一般的な「辞書」については、私たちになじみのある英和辞書、それから和英辞書、そして英英辞書、類義語辞典などがあります。

英和辞書というのは、ご存知のように、英語の意味を「同じような意味の日本語に置き換え」ている辞書です。英語を勉強するうえでは、事実上必須のツールになっていますが、実際のところ、英和辞書にはいくつかの学習上の難点があります。

まず第一に、英和辞書の「解説」は、「英語を日本語に置き換えたもの」だということ。つまり、あなたが知りたい英単語の本当の正確な意味を説明しているもので

はなく、その英単語にもっとも近い意味を持った日本語を並べたものなのです。

学生時代、ネイティブの講師に、

"If you use English-Japanese dictionary, then you're just learning Japanese, not English. (英和辞書を使うとしたら、あなたが学ぶのは英語でなくて日本語よ)"

といわれたことがありますが、まさにそのとおりです。辞書を引いて、頭の中に入ってくるのは、すべて日本語だからです。

英和辞書をメインにしてしまうと、「英語を日本語に置き換える」という、望ましくない習慣を身につけてしまうことになりかねないので、注意が必要です。

とはいえ、これは、「英和辞書は有害である」とか、「英和辞書を使ってはダメだ」という意味ではありません。英和辞書にも、それなりの長所、あるいは役割があります。それは主に、

1) 単語の大まかな意味を、瞬時に確認することができる
2) 適切な日本語訳を見つけることができる

以上の2つです。辞書によっては、詳しい語源や用例などが載っているものもあるので、そこから学ぶこともできるでしょう。

しかし、ここで再度ご注意いただきたいのは、英和辞書はあくまでも、「大まかな意味の確認」あるいは「日

本語訳を探す」際にもっとも有用である、という点。初めて単語を学ぶときには、英和辞書だけでは不十分、いえ、場合によっては間違いのモトであるといえます。

英和辞書だけで学習を進めてしまうと、単語一つ一つの正確な意味、似たような意味の複数の英単語の、意味の違いやニュアンスなどを、しっかり学ぶことができません。これができないということは、すなわち、それらの単語を本当の意味で「自分のもの」にすることができないということです。

そして、自分のものになっていない単語を、自在に使って自己表現することは、非常に困難です。日本人の「ボキャブラリー不足」は、文字通りの数の不足ではなく、「自分のものにできている、自在に使うことのできるボキャブラリー」の不足、といえると思います。

「1日1分！英単語」シリーズの土台ともなったメルマガ「決め手はボキャブラリー！」（現在はブログにて公開中）は、この意味での「ボキャブラリー不足」を解消するためのお助けツールとして発行していましたが、このメルマガでは、英和の意味はあくまで「大まかな意味の確認」のために、ごく限られた形で引き合いに出すにとどめていました。

英和辞書に代わって、主役としてぜひ活用していただきたいのが、「英英辞書」です。英単語を、英語で解説した辞書のことです。

英英辞書の長所は、何よりも、「英語の意味を、正確に、深く、詳しく学べる」という点。そして、「個々のニュアンスや言葉の雰囲気までも把握することができ

る」という点にあります。英単語の「意味を理解する」とはつまり、こういうことです。

とはいえ、英英辞書の難点は、「分からない単語を解説している、解説文に出てくる単語が、また分からない」ということが起こりうる点。こうなると、「出てきた単語をさらに英英辞書で調べ、また出てきた単語を調べ、さらにまた調べ……」といった"堂々巡り"に陥り、いつの間にか、何の単語を調べていたのか、分からなくなってしまったりします（経験済みです！）。

もちろん、多少の骨は折れても、本当はそのようにして「とことん調べ」てこそ力が付いてくるものなのですが、忙しい、その他の都合でそうするわけにいかない方も多いでしょう。

そこで、「英英辞書ビギナー」にオススメしたいのが、ポケットサイズの英英辞書と英和辞書の二刀流です。まず、英英辞書で単語の意味を読み、理解するようにしてから、英和で「確認」をする、という使い方です。

書店などで見ると、ポケットサイズの英英辞書は、文字通り手のひらサイズのものから、A５サイズくらいのコンパクトなものまであり、たいてい「○○ Pocket Dictionary」とタイトルが付いています。

私が長年愛用しているのは、（ポケットサイズではありませんが）Longman Dictionary of Contemporary English です。

Longman は英国の権威だけあって、解説も信頼でき、また単なる意味だけではなくて、用例や用法、類語の比較、使用頻度の比較、図解などが豊富なので気に入っています。

同じ Longman でも、Pocket サイズのものは、そうしたオプション的な解説はかなり省かれており、単語の解説も、最小限になっています。それだけ説明が簡易なので、「解説そのものが分からない」という悩みも最小限にできますし、英文を読むという負荷も少なくてすみます。

　それでいて、英語を英語で説明しているには違いないので、いきなり英和で「日本語訳」をして、「理解したつもり」になるのは避けることができます。そして、英和辞書はあくまで、理解の「確認」として、最後の最後のまた最後（ここが大事！）に使うにとどめ、あるいは詳しい語源や文法的な用法を確認するために使う、というふうにします。この際の英和辞書も、コンサイスなどのポケット版がひとつあれば十分でしょう。

　出版社は、Longman のほかにも Oxford や Collins など、たくさんありますが、Pocket 版になると、それほど大きな違いはありませんので、書店などで比べてみて、見やすいものを選べばよいと思います。

　さらに、英英辞書のもうひとつの利点は、目とアタマが英文に慣れてくる、ということです。普段、ある程度の英文を読もうと思ったら、英字新聞やペーパーバックになると思いますが、「ちょっと単語を調べる」というときにポケット版英英辞書を使えば、そこである程度の英文を読むことになり、同時に単語の意味も理解できるのですから、一石二鳥といえるでしょう。

　いきなり大きくて厚い英英辞書を買って、圧倒されて使わずにいるよりは、まずポケット版の英英と英和の二刀流で始め、慣れてきたところでさらに上級の辞書を選

ぶのがもっとも無難だと思います。ただし、あくまで主役は英英辞書です。英和に頼ってしまわないように。この点だけは、よくよく気をつけてください！

英英辞書に慣れてきたら、Thesaurus という「類語辞典」を入手されることをオススメします（もちろん英語で書かれているものですよ！）。

Thesaurus は、知りたい単語と似た意味を持つほかの単語を列挙している辞書です。たとえば Thesaurus で「study」という動詞を調べると、learn、read up on、read、work at という単語が書かれています。これらはすべて、study と似た意味を持っている単語たちです。ですが、意味は似ていても、まったく同じではありません。

この単語たちの中に、以前聞いたり読んだりして、意味も調べたけど、いまいち使いこなせていなかったり、study とどう違うんだ？ と思っても使い分けがよく分からず、結局 study ばかり使ってしまっていた、なんて単語があるかもしれません。たとえば learn。あるいは work at。

そうしたら今度は study とその仲間の単語を、英英辞書でそれぞれ調べ、定義の違いから意味や使い方の違いを学んでみましょう。こうすることで、まず何より、単なる単語の数ではなくて「使える語彙」が増えますし、それだけあなたの英語表現力も豊かになります。

オマケとして、「新しく学んだ単語を使ってみたい衝動」が生まれて、英語を話すことにどんどん前向きになっていくということもありますし、「study と learn は

そんな違いがあったのか！ おもしろいなぁ」と思えれば、それは英語の情報量が増える→英語のセンスが磨かれる！ ということにもなるのです。

英語の辞書は、「単語の意味を調べる道具」というだけではありません。それはあなたをより一層「英語色」に染め、あなたの英語のセンスを磨いてくれるパートナーなのです。

【差が出る表現】

intend to
press home
rewarding

**キーワード3と、
その類語を紹介しています**

第18週

intend to とその仲間たち

《 今週の単語 》

intend to

aim to

mean to

set out to

intention

予定や目標などを表現するとき、たとえば「○○するつもりだ」というのを全部、「be going to」(または「be ～ ing」)で済ませていませんか？
　今週は、同じ「予定」「つもり」でもコレだけ違う！　をテーマに見ていきたいと思います！

《《今日の単語》》

☞ intend to
「するつもり、する気がある」

"to have something in your mind as a plan or purpose（あることを予定または目的として頭の中に持っていること）"

このロン解から分かるように、intend (to) はあくまで「頭の中だけの予定」というのがポイントです。同じく近い将来や予定を言う言い方の be going to と比べてみると、be going to のほうは、前もった決断や決定、意図、あるいは現状の成り行きにもとづいて、これから起こること、という感じです。
たとえば、
We are going to have a new house next month.
来月、新しく家を買うんだ。　→すでに決断されていること
という具合。
これに対して intend はまだ決断もしくは決定されているというわけではなく、「○○したい」「○○しよう」「○○するぞ！」という、アイデアに近い状態なわけです。
Oxford の Thesaurus でも、

"if you intend to do something, you may or may not be serious about getting it done but at least you have a goal in mind（あることを intend している、という場合、それが実行されるかどうかについてはあまりこだわりがなく、とりあえずそのような「目標」が頭にある、ということを指す)"

としています。be going to は「ほぼ決まり（予定）」なのに対し、intend to は「ぜんぜん未定」ということになります。

be going to と言っておきながらボツになればブーイングが起こるでしょうが、intend to といってボツになっても、誰も文句は言わない（せいぜい実行力のないヒトと思われるだけ）で済む、という違いでしょうか ^^;

ですので、特にビジネスにおいては「決定もしくは決断していてしかるべきとき」に intend to などというと、ちょっと頼りないと思われる可能性がありますのでご注意を。

intend の用法としては to 不定詞のほかにも that 節や現在分詞（ing 形）が使えます。

《《今日の例文》》

1 We intend to enlarge the recruitment this year.
今年は新規採用枠を拡大する予定だ。（会社としてそういう意図はあるが実際のところはまだ確定していない）

2 I intend to visit all the important client companies in that area during the business trip.
出張期間中にその地域の主要な取引先すべてを訪問するつもりです。

《《今日の単語、おかわり！》》

enlarge [enláːrdʒ] 拡大する

《《今日の単語》》

☞ aim to
「～する目的でいる」

"to try or intend to achieve something（あることを達成しようと試みる、あるいは意図すること）"

intend が頭の中の話だったのに比べると、try は、試す、やってみる、ということですから、実際に（表面的でなくとも）動き始めている、行動を起こし始めている、というニュアンスです。

解説では、or intend と、どちらか、という言い方をしていますが、そしてもちろん、intend と入れ替えて使うことはできますが、この語全体のニュアンスとして、「すでに目標達成に繋がるなんらかの行動を起こしている」という感じがあります。

Oxford でも、

"'Aim' indicates that you have an actual goal or purpose in mind and that you're putting some effort behind it（「aim」は、実際の目標や目的が頭の中にあり、かつその実現のためにある程度の努力を今している、ということを示唆する）"

とコメントして、「すでに行動し始めている」というニュアンスを伝えています。

《《今日の例文》》

1 We aim to expand sales in the South East Asian market.
東南アジア市場での販売拡大を目指している。　→すでにそのためのプランを実行中

2 We aim to build an amusement park in this land.
この土地に遊園地を建設する予定です。　→すでに整地などが始まっている

《《今日の単語、おかわり！》》

expand [ikspǽnd]　～を増す
amusement park　遊園地

《《今日の単語》》

☞ mean to
「〜するつもりでいる」

　mean は、言葉の「意味」をいうときに使うものと思い込みがちですが、行動の背後にある「意図」をいうときにも使います。

> "especially spoken: to intend to do something or intend that someone else should do something（特に口語で：あることをしようと意図すること、あるいは他の誰かにこうしてほしいと思うこと）"

　さっそく出てきましたね！　前々回の「intend」。mean は、intend のくだけた言い方、口語版というふうにとらえてよいでしょう。「○○しよう」と思った、自分の意図について言う場合は、

I mean/meant to do
I mean/meant that...

　とし、第三者に対して「○○してほしい」というときは、

I mean/meant 人 to do
I mean/meant that 人 ...

　となります。Oxford の Thesaurus では、mean について、

> "it is a less formal word that usually connotes a certain lack of determination or a weak resolve（この語はフォーマル度は低いほうで、通常はいくらか決意が欠けていることや、意志の弱さを暗示する)"

としていますので、まさに「つもり」を言うのにぴったりの言葉ですね。とはいえ、この同じ mean to も言い方によっては「強く意図している、本気でそう思っている」という意味になります。そういう場合は mean のアクセントを強くして言うか、強調の do をはさんだりして言ってみましょう。(例文2)

《《今日の例文》》

1 **I simply meant to encourage her, but she took it that I was pressuring her.**
ただ彼女を励ますだけのつもりだったのに、彼女は僕にプレッシャーをかけられていると受け取った。

2 **"If you speak like that, they may think you are protesting."**
"I do mean to."
「そんなふうに話したら、彼らはあなたが抗議していると受け取るかもしれませんよ」
「抗議してんだよ」

《《今日の単語、おかわり！》》

encourage [enkə́:ridʒ]　勇気づける
pressure [préʃər]　圧力をかける
protest [prətést]　抗議する

〈今週の単語　intend to ／ aim to ／ mean to ／ set out to ／ intention〉

《《今日の単語》》

☞ set out to
「~に着手する、~のために行動を起こす」

"to start doing something or making plans to do something in order to achieve a particular result（特定の結果を達成するために何かをし始める、または計画を立て始める）"

　上記は set out という動詞句のロン解ですが、これに to 不定詞がついたものが今日の「set out to」です。
「特定の結果・成果を上げるための行動を起こす」ということで、intend や mean の「意図」に留まらず、実際の行動（具体的な計画を立てることも含め）をし始めることを意味します。そういう意味では aim to のさらに一歩進んだ状態と言えるでしょう。
　具体的に行動や計画を起こして達成しようという、その「結果（現時点では目標、目的）」を to 不定詞以下で表現します。

《《今日の例文》》

1 We've already set out to double the sales by the end of this year.
年末までに売上高を倍増させるための計画にすでに着手している。

2 The company set out to improve its employees' work environment.
その会社は従業員の職場環境の改善に乗り出した。

《《今日の単語、おかわり！》》

double [dʌ́bl]　　　　倍増する
improve [imprúːv]　　改善する
work environment　職場環境

《《今日の単語》》

☞ intention
「意図、本意」[inténʃən]

"a plan or desire to do something（何かをするための計画またはしたいと思う気持ち、願い)"

　動詞の intend が「目的や計画が頭の中にある」ということでしたが、今日の intention はその名詞と単純に考えて OK です。ロン解もシンプルに「願いや計画」としていますので、たとえば、

It is my intention to...

と言った場合は単純に、「(to 以下) はわたしの目標／意図／願いです」という意味の文章になります。そんなに単純なのに、ではなぜわざわざ 1 つの項目にしたのか。ロングマンにはこんな注釈があります。

"[formal] use this in public statements, news reports, meetings etc in order to tell people what someone intends to do（[形式的] 公の場での発言や報道・情報提供の場、会合などで誰かの意図を伝える際に使うとよい)"

　We intend to, I intend to… 等の言い方は特別くだけた言い方ではありませんが、特にビジネスの改まった場面では、

242

It is our intention to...

と言ったほうが洗練された感じがします。(例文1)
「意図していない、そんなつもりではない」という場合には否定のnotを入れて、

It is not our intention to...
(〜するのは我々の意図ではない)

のように言います。(例文2)

《《今日の例文》》

1 **It is our intention to cut overtime hours by 30% by the end of this year.**
我々としては年内に残業時間の三割削減を目指しています。

2 **It is not our intention to hamper the interests of our competitors.**
競合他社の利益を損なうことは我々の本意ではない。

《《今日の単語、おかわり！》》

hamper [hǽmpər]	妨げる
interest [íntərəst]	利益
competitor [kəmpétətər]	競争相手

〈今週の単語　intend to ／ aim to ／ mean to ／ set out to ／ intention〉

第19週

press home とその仲間たち

《 今週の単語 》

press home

out and out

in depth

fully

thoroughly

メルマガ時代にこんなリクエストをいただきました。

「私はアメリカ在住で現在日系企業で事務一般の仕事をさせてもらっていますが、時々ちょっとした翻訳を頼まれたりすることがあるんです。それで前々からいつも『徹底』という言葉に頭を悩ませています。

　日本語でよく『時間厳守の徹底』だとか、『徹底して現場をきれいにしよう』などと言いますが、どのような単語が適当なのか教えて下さい」

　たしかに日本人は「徹底（的）」という表現が好きかもしれませんね（笑）。というわけで今週は「徹底」という言い方を学んでみましょう。

《《今日の単語》》

☞ press home
「徹底させる」

　まず、「徹底」という日本語そのものに、いろいろなニュアンス、意味合いがあります。
◎「時間厳守の徹底」は、時間を徹底的に守らせる、あるいは、その重要性を再度認識させる、という意味ですし、
◎「徹底してきれいにする」は、余すところなく全体を、とか、手抜きをせず、という意味ですね。

　辞書でただ「徹底」と引くと、後者の「徹底的に」の意味で「thorough」、「complete」、「entire」などが出てきますが、これで「時間厳守を徹底させる」だと、ちょっと違ってしまいます。

　今日ボキャの「press home」という動詞句は、この前者の「徹底させる」に当てはまるものです。

> "to repeat or emphasize something, so that people remember it（人々に覚えさせまた思い出させるために、繰り返したり強調したりする）"

　remember というのがポイントですが、これは「覚える」ということと「思い出す」ということの両方を含んだ語ですので、忘れないよう繰り返すのも、思い起こさせ再認識させるために強調することも press home で表現できるわけです。

　たとえば「時間厳守」は「punctuality」ですので、「時間厳守を徹底させよう」だと、

We need to press punctuality home.
という具合になります。

　home と言ったからといって、「おうち」ではありません（笑）。
home には「急所」とか「的」「痛いところ」といった意味があり、press home（この home は副詞用法）で、「急所を狙って press する」→徹底させる、という意味になるようです。
用法は press と home の間に目的語をはさむ形で、
press something home
となりますので注意してください。

《《今日の例文》》

1　The object of this demo is to press the workers' rights home.
今回のデモの目的は、労働者の権利について注意を喚起することです。

2　We as teachers must press the dangers of drug abuse home.
教師として、私たちは薬物乱用の恐ろしさを徹底して教えなければならない。

《《今日の単語、おかわり！》》

drug [drʌ́g]　麻薬
abuse [əbjúːs]　乱用

〈今週の単語　press home ／ out and out ／ in depth ／ fully ／ thoroughly〉

《《今日の単語》》

☞ # out and out
「徹底的に」

　今日のボキャは……「out and out」。外と外？
　もともと、副詞用法の「out」には、「完全に（する）」という意味があります。たとえば、「sold out（完売）」の「out」なんかがそうですね。この out を 2 重に使って、「完全に、徹底的に、隅から隅まで」という副詞句ができているわけです。
　ところが、ロングマンで「out and out」を引こうと思うと、「out-and-out」という形容詞しか出ていません。意味も、「形容詞の前について、『まったくの、根っからの』」という、限定的なもののみ。
　ですが、特にアメリカ英語寄りの辞書等には、「out and out」で副詞句として出ています。それで、どこでも通用する基本的な言い方というよりは、ごく最近の、アメリカ英語的用法、と思っていたほうがよいでしょう。
　参考まで、基になっている「out」の意味を、確認しましょう。

"used to say that something is done carefully and completely（ある事柄が注意深く完全に行われたことを表現する際に使う）"

「carefully and completely」に、すること、というのがポイントですね。

《《今日の例文》》

1 We've got to clean the office out and out.
オフィスを徹底的にきれいにしなければ。

2 Check all the documents out and out!
書類を一枚残らず徹底的に調べて！

《《今日単語、おかわり！》》

document [dάkjəmənt]　書類

〈今週の単語　press home ／ out and out ／ in depth ／ fully ／ thoroughly〉

《《今日の単語》》

☞ in depth
「綿密に」

「depth」は「深さ」という意味ですね。あることを、どんどん奥へ、あるいは底のほうへ、ずっとずっと探っていく様子が「in depth」です。

日本語でも、「深く掘り下げる」なんて言い方をしますが、ちょうどそんな感じです。

ロン解も、

"considering all the details（すべての細部を考慮した）"

で、そのまんまで分かりやすいですね。大まかな理解や調査ではなく、ありとあらゆる細かい点まで含む、それが「in depth」です。

これは副詞句なので動詞を修飾するものですが、in と depth の間にハイフンを入れた形容詞形もあります。

[in-depth]
"(an examination or description of something) that is thorough and complete so that all the details are considered（検討や説明が）すべての詳細が考慮され、全体にわたっていて完全な"

この形容詞のほうは、「必ず名詞の前につく」と、用法が限定されています。意味は副詞と変わらないですが、こちらのほうが

やや詳しく解説されていますね。全体にわたり（thorough）なおかつ漏れがなく（complete）、すべての詳細を検討するような、「徹底的」な調査なり説明、ということ。

前回の「out and out」が、"範囲、広がり"の点で「徹底的」だったのに対し、今日の「in depth」は、"細かさや奥行き"という点で「徹底的」、というのがニュアンスの違いです。

《《今日の例文》》

1　We discussed the matter in depth.
その件について徹底的に討議した。

2　The result will be studied in depth.
結果については徹底的な研究を行う。

《《今日の単語、おかわり！》》

study [stʌ́di]　研究する

《《今日の単語》》

☞ **fully**
「最大限、完全に」[fúli]

"completely（完全に）"

それだけですか！ と言いたくなるのはわたしだけではないはず（涙

completely と同義だからってそんな。仕方なく completely のロン解を見ると、

"to the greatest degree possible（可能な限り最大の程度に）"

とありました。分かりやすいが物足りない。ですが同じくロングマンの注釈には fully について、

"use this especially to say that you have completely understood something or have everything that you need（あることについて完全に理解したとか必要なものをすべて手にしたというときに特に使う）"

と述べていて、ようは「必要なものがすべてそろった」というニュアンスが強いことが分かります。

completely はロン解でも「degree（程度）」とあり、やや漠然としている（その分広く使える）のですが、必要なあれやこれやが全部整った、そろった、というときには fully のほうを使うのがより適切といえるでしょう。

《《今日の例文》》

1 The customers need to be fully informed of the possible risks in entering into the contract.
顧客は契約に伴うリスクについて徹底的に知らされているべきである。

2 We have fully discussed the merits and demerits of the merger.
合併のメリットとデメリットについて徹底的に討議してきた。

《《今日の単語、おかわり！》》

customer [kʌ́stəmər]	顧客
possible [pásəbl]	起こりうる
risk [rísk]	危険
enter into	（契約などを）結ぶ
contract [kántrækt]	契約
merit [mérət]	長所
demerit [díːmèrits]	短所
	※ merit と対照させるときは語頭が強くなる

〈今週の単語　press home ／ out and out ／ in depth ／ fully ／ thoroughly〉

《《今日の単語》》

☞ thoroughly
「徹底的な」[θə́ːrouli]

"carefully, so that nothing is forgotten（ひとつも漏れがないよう注意深く）"

　最後の単語 thoroughly が、実はこれこそまさに！　な「徹底的」という表現だったりして。

　シリーズ最初で述べたように、日本語の「徹底的」にもいろいろな意味やニュアンスがある以上、一言で日本語にピッタリな意味を表現する英単語はないのは当然なのですが、今日の thoroughly はそれでも「細部にわたり、かつ全体を注意深く網羅する」という意味でもっとも使いやすい「徹底的に」の表現と言えそうです。

　ちなみに thoroughly の第一義は「全体にわたって」とか「完全に」で、たとえば、

apply thoroughly　（軟膏などを）全体に塗布する
feel thoroughly ashamed　まったく恥ずかしい

　などというふうに使われますが、今日の thoroughly は第二義のほうで、「もれなく注意深く」というところが大事なニュアンスです。

　範囲も細かさも深さもぜんぶひっくるめて、なによりよくよく注意をして、という意味合いを強調したいときにはピッタリの表現です。

《《今日の例文》》

1 We have cleaned the office thoroughly.
オフィスを徹底的に掃除した。

2 Check the documents thoroughly before filing them.
ファイルする前に書類を徹底的にチェックしてください。

〈今週の単語　press home ／ out and out ／ in depth ／ fully ／ thoroughly〉

第20週

rewarding とその仲間たち

《 今週の単語 》

rewarding

worthwhile

pay off

satisfying

fulfilling

「やってよかった！」と思える仕事やタスクに巡り合えるのは幸せなことですね。今週は「満足な」「報いの大きい」「充実した」という表現を学んでみましょう。

《《今日の単語》》

☞ rewarding
「報いの多い」[riwɔ́ːrdiŋ]

"making you feel happy and satisfied because you feel you are doing something useful or important, even if you do not earn much money（たとえ大してお金にはならなくても、自分は役立つことあるいは重要なことをしていると感じさせ、幸福感や満足感をもたらす)"

「報われた」「やっててよかった」「努力の甲斐があった」と思わせる、そのような状態を「rewarding」と言います。

あくまで自分にとっての「価値」ですので、金額的な返報があってもなくても、他の人が共感してもしなくても、「報われた〜」と思えれば、それは rewarding です。

この rewarding という形容詞の元になっているのは、動詞の reward（報いる）。同じ型で名詞（報酬、報い、褒美）としても使われます。

この言葉の語源は古フランス語で、「後ろへ」を意味する「re-」と、「観察する」という意味の「warder」でできているとのことです。「後ろへ観察する」→「返礼する、返報する」。ある行いや努力に対して返す、ということですね。

《《今日の例文》》

1 **Bringing up children is hard work, but very rewarding at the same time.**
子育ては大変だが、同時にやりがいもある。

2 **Working as a volunteer at a day-care center was a rewarding experience.**
デイケアセンターでボランティアとして働いたことは、非常に実りのある経験だった。

《《今日の単語、おかわり！》》

bring up	育てる
volunteer [vàləntíər]	ボランティア
day-care center	デイケアセンター
experience [ikspíəriəns]	経験

〈今週の単語 rewarding / worthwhile / pay off / satisfying / fulfilling〉

《今日の単語》

☞ worthwhile
「価値のある」 [wə́:rθwáil]

　昨日の rewarding が「後ろへ観察する＝返報する」だったのに対し、今日の「worthwhile」は「同じ価値」を意味する古英語「worth」の関連語です。

> "something worthwhile deserves the time, effort, or money you give to it（あることが worthwhile だというのは、あなたがそれに費やす時間、努力、あるいはお金に、それが値するということ）"

　うーん、昨日のと、どう違うの？　と思いますか？
　rewarding の場合は、「後から返ってくるもの」、つまり「お返し」ということで、さらには、単なる金銭的な同等価値というよりも、「満足感、幸福感」というプラスアルファの「お返し」が強調されていました。
　一方今日の「worthwhile」は、「同じ価値」が語源にあるだけあって、あくまで「同等」が強調されます。
　rewarding は「行為 ＜ 結果」ということがありえますが、worthwhile は基本的に「行為 ＝ 結果」といえます。
　さらに、rewarding のほうは、あくまで「返報」を受けるほうが「行為 ＜ 結果」と「感じる」ために、そのような評価になるのであって、客観的に「同等」と判断するのは非常に難しいことが多いでしょう。
　そういう意味では、rewarding はやや主観的、worthwhile はや

や客観的といえるかもしれません。rewarding だと「よかった〜」と満足感がありますが、worthwhile は「役に立った」と、もっと理性的に価値を確かめる感じです。

《《今日の例文》》

1 **I think it is worthwhile to take a little break here.**
   ここでちょっと一息入れる価値はあると思うよ。

2 **It is not worthwhile to continue arguing.**
   これ以上議論を続けても何の役にも立たない。

《《今日の単語、おかわり！》》

break [bréik]　休憩
argue [áːrgjuː]　論じる

《《今日の単語》》

☞ pay off
「努力が実る」

昨日までの２つのボキャは形容詞でしたが、今日は動詞句です。

"if a plan or something that you try to do pays off, it is successful（ある計画や、やろうとしていることが pay off する、とは、それがうまくいったということ）"

努力や準備を先行投資で行った結果、目的が達成できた、成果を発揮できた、うまくいった、成功した…というとき、もとの努力や準備が pay off した、あるいはしている、という言い方をします。

昨日の worthwhile は、お金や時間、努力を費やす「価値がある」という、質の問題、そして一昨日の rewarding は、後から返す、つまり、同等あるいは狙いどおりとは限らなくても、「満足感や幸福感がもたらされる」という意味でした。

今日の pay off は、それらとは少し違って、もともとの意図・目的・目標に対して、しかるべき努力や準備を行った結果、それらの意図・目的・目標が納得行く形で「実現した」「成功した」「うまく運んだ」という意味です。

基本的には、pay off とは文字どおり、お金、特に賃金を払うという意味です。働きに対して、相応の、あるいは目的のお金を払う、ということを指しますが、それを発展させて「努力が実る、努力の甲斐あって成功する」という意味になります。

rewarding や worthwhile の価値や返報としての意味とは異なり、「結果」として、「先行投資の甲斐があった」ということですね。

用法としては、pay off は動詞ですので、現在形・未来形・過去形・進行形、いずれもアリです。

《《今日の例文》》

1　He studied 12 hours everyday and his effort really paid off when he finally got the qualification.

彼は毎日 12 時間勉強したが、ついに資格を手にしたことで彼の努力が見事に実った。

2　Leaving her home country for further training was a big sacrifice, but her dedication is now paying off.

さらなるトレーニングのため母国を後にすることは、彼女にとって大きな犠牲だったが、その熱意は今、報われている。

《《今日の単語、おかわり！》》

qualification [kwɑ̀ləfikéiʃən]　　資格
sacrifice [sǽkrəfàis]　　　　　　犠牲
dedication [dèdikéiʃən]　　　　　専念

《《今日の単語》》

☞ satisfying
「満足のいく」[sǽtisfàiiŋ]

"making you feel pleased and happy, especially because you have got what you wanted（満足して幸せな気持ちにする、特に欲しかったものを手に入れたために）"

こちらは「feel pleased（満足する）」という気持ちに重点を置いているのがポイントです。
さらにその理由として「欲しかったものを手に入れたため」とあるように、ある程度望まれた結果を手にした場合によく使われる表現です。ロングマンの注釈でも、この理由についてさらに、

"because you enjoy doing it and the results are often very good（それをすること自体を楽しみ、かつたいていの場合は結果がよいため）"

としています。
often ということは、結果がよくないとき、欲しいものが手に入らないときでも satisfying であることもたまにはあるのでしょうが、基本的にはよい結果、望んだ結果が得られたことと深く関係しています。

《《今日の例文》》

1 **The stay at the hotel was very satisfying.**
そのホテルはなかなか満足のいくところだったよ。

2 **The result of the sales promotion was quite satisfying.**
今回の販促活動の結果はかなり満足のいくものになった。

《《今日の単語、おかわり！》》

promotion [prəmóuʃən]　促進
sales promotion　　　販売促進（活動）

〈今週の単語　rewarding ／ worthwhile ／ pay off ／ satisfying ／ fulfilling〉

《《今日の単語》》

☞ fulfilling
「充実した」[fulfíliŋ]

"making you feel happy and satisfied because you are doing interesting, useful, or important things（興味深いことや役立つ、または大事なことをしているために、幸福感や満足感をもたらす）"

　ご褒美や価値や報いとはちょっと違った雰囲気の単語ですね。
　今日の fulfilling は、自分にとって interesting だったり useful だったり important であるために、満足感や幸福感を与えてくれる。やりがいがあるとか充実した、という意味の単語です。
　主観的に満足を感じるという点では rewarding と通じる部分もありますが、rewarding はあくまで「お返しがある」というニュアンスだったのに対し、こちらの fulfilling はお返しとかお礼とかとは関係なく、自然に自分が満たされていく、そういうニュアンスです。
　もとの動詞 fulfill が「いっぱいに満たす」という意味の語源を持っているので、誰かがお返ししてくれるかどうか、感謝してくれるかどうか、評価してくれるかどうかということとは直接関係なく、心が幸せな気持ちで満たされる、ということです。
　ロングマンも fulfilling に感じる理由としてさらに注釈で、

"because you are using your abilities in a useful way（自分の能力を役立つ仕方で活用しているため）"

としていて、満足に思う気持ちが結果云々(うんぬん)のためではなく、自分の能力を発揮できていることからくる点を際立たせています。

《《今日の例文》》

1 This job is really fulfilling.
この仕事は実にやりがいがある。

2 The child-raising years were a fulfilling time.
子育ての時期はとても充実した時だった。

索引 INDEX

本書で取り上げた主な単語・熟語を、アルファベット順に並べました。太字が「今日の単語」です。チェック欄も利用して、学習のまとめ・単語の総整理などにお使いください。

A
- ☐ **ASAP** 77
- ☐ abuse 247
- ☐ academic performance 175
- ☐ **accept** 190
- ☐ accountant 221
- ☐ accounting 97
- ☐ across the board 193
- ☐ **add to** 206
- ☐ **adopt** 192
- ☐ adopt 223
- ☐ advertisement 121, 221
- ☐ advise 76
- ☐ affairs 97
- ☐ against 219
- ☐ agent 191
- ☐ **agree to** 196
- ☐ **aim to** 236
- ☐ alarm system 113
- ☐ amusement park 237
- ☐ analyse 222
- ☐ announcement 155
- ☐ annual 33
- ☐ apologize 25
- ☐ apology 191
- ☐ **application** 217
- ☐ **appreciate** 19
- ☐ **appreciate** 42
- ☐ are away 175
- ☐ argue 261
- ☐ arrange 68
- ☐ asset 211
- ☐ assignment 191
- ☐ astonishing 89
- ☐ attend 131
- ☐ await 36
- ☐ **away** 117

B
- ☐ be associated with 174
- ☐ be disappointed 154
- ☐ **be discouraged** 158

- [ ] **be disheartened** 160
- [ ] **be disillusioned** 156
- [ ] **be grateful for** 44
- [ ] **be wanted on the telephone** 21
- [ ] **beforehand** 221
- [ ] **benefit** 219
- [ ] **blame** 163
- [ ] **bloatware** 175
- [ ] **bother** 22
- [ ] **break** 261
- [ ] **brief** 215
- [ ] **bring up** 259
- [ ] **budget** 181
- [ ] **build up** 202
- [ ] **burden** 150

C
- [ ] **campaign** 219
- [ ] **candid** 47
- [ ] **cause** 191
- [ ] **caution** 82
- [ ] **chairman** 31
- [ ] **citizen** 215
- [ ] **client** 29
- [ ] **clinch** 45
- [ ] **close a contract** 57
- [ ] **combat** 113
- [ ] **committed** 138

- [ ] **common** 92
- [ ] **competition** 155
- [ ] **competitor** 243
- [ ] **complaint** 143
- [ ] **complaint call** 21
- [ ] **complaint processing system** 113
- [ ] **comply with** 194
- [ ] **concern** 170
- [ ] **condition** 81
- [ ] **conference** 37
- [ ] **confidence** 207
- [ ] **consequence** 219
- [ ] **consideration** 41
- [ ] **consider** 214
- [ ] **contract** 253
- [ ] **convention** 67
- [ ] **cooperation** 209
- [ ] **cope with** 180
- [ ] **corporate** 161
- [ ] **corporate policy** 49
- [ ] **corruption** 157
- [ ] **critical** 104
- [ ] **crucial** 106
- [ ] **customer** 253

D
- [ ] **day-care center** 259
- [ ] **deadline** 215

- ☐ **deal with** 182
- ☐ **dealer** 191
- ☐ **dear** 147
- ☐ **dedication** 263
- ☐ **delighted** 58
- ☐ **demerit** 253
- ☐ **demotion** 159
- ☐ **develop** 210
- ☐ **development** 167
- ☐ **device** 91
- ☐ **discuss** 216
- ☐ **disturb** 20
- ☐ **do the job** 120
- ☐ **document** 249
- ☐ **double** 241
- ☐ **dramatically** 205
- ☐ **drug** 247

E
- ☐ **eager** 130
- ☐ **effectively** 149
- ☐ **emergent** 183
- ☐ **emotionally** 83
- ☐ **employee** 199
- ☐ **encourage** 239
- ☐ **enlarge** 235
- ☐ **enter into** 253
- ☐ **enthusiastic** 134

- ☐ **environment** 175
- ☐ **environment-friendly** 193
- ☐ **examine** 220
- ☐ **executive** 163
- ☐ **expand** 237
- ☐ **expect** 28
- ☐ **experience** 259
- ☐ **extra** 117
- ☐ **extremely** 45

F
- ☐ **feel let down** 162
- ☐ **figure** 223
- ☐ **financial** 221
- ☐ **for a second** 23
- ☐ **fulfilling** 266
- ☐ **full-time** 185
- ☐ **fully** 79, 252
- ☐ **function** 114
- ☐ **further** 217
- ☐ **further** 37

G
- ☐ **general** 96
- ☐ **generous** 43
- ☐ **get back to** 91, 131
- ☐ **glad** 54
- ☐ **go** 118

- ☐ green 169
- ☐ greeting 95
- ☐ guilt 151

H
- ☐ hamper 243
- ☐ handle 97,169
- ☐ handle 178
- ☐ happy 52
- ☐ head hunting 107
- ☐ hinder 151
- ☐ **hold~in high regard** 46
- ☐ hope to 34
- ☐ hopefully 121
- ☐ housing loan 151
- ☐ human psyche 115
- ☐ humble 93

I
- ☐ ideal 137,203
- ☐ **important** 100
- ☐ improve 241
- ☐ **in advance** 81
- ☐ **in depth** 250
- ☐ in one's favor 113
- ☐ in the future 33
- ☐ inconvenience 191
- ☐ increase 204

- ☐ increase 35
- ☐ **inform** 78
- ☐ informative 43
- ☐ innovative 121
- ☐ install 159
- ☐ instruction 37
- ☐ **intend to** 234
- ☐ intention 242
- ☐ interest 243
- ☐ interrupt 16
- ☐ involved 83
- ☐ involve 166

J
- ☐ **just as** 65

K
- ☐ keen 132
- ☐ keep one's head 149
- ☐ kvetchy 187

L
- ☐ laboratory 17
- ☐ lack 183
- ☐ lawyer 185
- ☐ legal issue 185
- ☐ **let know** 84
- ☐ line 35,163

- ☐ look forward to 32
- ☐ lose temper 149

M
- ☐ maintenance 185
- ☐ **manage** 184
- ☐ **management** 115,157
- ☐ matter 41
- ☐ **mean to** 238
- ☐ meaningful 57
- ☐ measure 183
- ☐ mechanic 185
- ☐ merger 197
- ☐ merit 253
- ☐ modification 81
- ☐ moral 157

N
- ☐ nearby 69
- ☐ negotiation 185
- ☐ negotiation 77
- ☐ newcomer 139
- ☐ no longer 149
- ☐ **normal** 90
- ☐ notes 71
- ☐ notice 207
- ☐ notify 80,103
- ☐ not〜in any way 25

O
- ☐ offer 219
- ☐ operate 112
- ☐ order-online system 117
- ☐ ordinary 88
- ☐ organize 70
- ☐ out and out 248
- ☐ outing 71

P
- ☐ paper 17
- ☐ participation 209
- ☐ participation 41
- ☐ party 137
- ☐ party 183
- ☐ **pay off** 262
- ☐ performance 61
- ☐ personnel 155
- ☐ pile 187
- ☐ **plan** 64
- ☐ **pleased** 60
- ☐ possible 253
- ☐ **press home** 246
- ☐ pressure 148,239
- ☐ prevention 171
- ☐ procedure 117
- ☐ product 35
- ☐ progress 77

- [ ] promote 121
- [ ] promotion 163,265
- [ ] properly 115
- [ ] proposition 25
- [ ] prosperous 59
- [ ] protest 239
- [ ] prudent 49

Q

- [ ] qualification 263
- [ ] qualified 191
- [ ] quarrel 145
- [ ] quarrel 147
- [ ] quick result 161
- [ ] quit 149
- [ ] quit 159

R

- [ ] rapidly 211
- [ ] realization 137
- [ ] recession 119
- [ ] reconciliation 109
- [ ] recruit 163
- [ ] reduce 119
- [ ] reduced 207
- [ ] regarding 37
- [ ] regret 195
- [ ] reject 217

- [ ] relate 168
- [ ] relating to 117
- [ ] release 205
- [ ] relocation 155
- [ ] remark 31
- [ ] remit 77
- [ ] render 79
- [ ] repeated 147
- [ ] reply 31
- [ ] restructure 161
- [ ] **rewarding** 258
- [ ] risk 253
- [ ] roof-greening 135
- [ ] routine 89
- [ ] run 116

S

- [ ] sacrifice 263
- [ ] salesperson 223
- [ ] **satisfying** 264
- [ ] schedule 66
- [ ] secretary 117
- [ ] self-education 199
- [ ] self-esteem 151
- [ ] senior 83
- [ ] serious 145
- [ ] **set out to** 240
- [ ] **set up** 72

- [ ] **shoplifter** 159
- [ ] **shoplifting** 113
- [ ] **shy** 93
- [ ] **significant** 102
- [ ] **sincere** 191
- [ ] **skill** 167
- [ ] **solve** 109
- [ ] **somewhat** 89
- [ ] **sort of** 89
- [ ] **stand on one's own feet** 179
- [ ] **standard** 195
- [ ] **statement** 31
- [ ] **strain** 144
- [ ] **stray from** 49
- [ ] **strengthen** 208
- [ ] **stress** 142
- [ ] **structural** 139
- [ ] **study** 251
- [ ] **substantial** 108
- [ ] **suffer** 143
- [ ] **support** 198
- [ ] **swamp** 21
- [ ] **symposium** 131

T
- [ ] **take care of** 186
- [ ] **take one's word for it** 83
- [ ] **take part** 172
- [ ] **taxation** 171
- [ ] **tension** 146
- [ ] **thank** 40
- [ ] **thoroughly** 254
- [ ] **thoughtful** 195
- [ ] **thrilled** 56
- [ ] **top-down** 115
- [ ] **traffic** 203
- [ ] **transfer** 117
- [ ] **trouble** 18
- [ ] **TT** 77
- [ ] **turn down** 25

U
- [ ] **understand** 48
- [ ] **upset** 24
- [ ] **upset** 207
- [ ] **usual** 94

V
- [ ] **viewpoint** 183
- [ ] **volunteer** 259

W
- [ ] **wait** 30
- [ ] **weigh** 218
- [ ] **what's cooking** 53
- [ ] **work efficiency** 121

- ☐ **work environment** 241
- ☐ **workforce** 119
- ☐ **work** 112
- ☐ **worthwhile** 260

Z
- ☐ **zealous** 136

1日1分！ 英単語 ビジネス

一〇〇字書評

切り取り線

購買動機 （新聞、雑誌名を記入するか、あるいは○をつけてください）	
□ （　　　　　　　　　　　　　　　）の広告を見て	
□ （　　　　　　　　　　　　　　　）の書評を見て	
□ 知人のすすめで	□ タイトルに惹かれて
□ カバーがよかったから	□ 内容が面白そうだから
□ 好きな作家だから	□ 好きな分野の本だから

●最近、最も感銘を受けた作品名をお書きください

●あなたのお好きな作家名をお書きください

●その他、ご要望がありましたらお書きください

住所	〒				
氏名			職業		年齢
新刊情報等のパソコンメール配信を 希望する・しない	Eメール		※携帯には配信できません		

あなたにお願い

この本の感想を、編集部までお寄せいただけたらありがたく存じます。今後の企画の参考にさせていただきます。Eメールでも結構です。

いただいた「一〇〇字書評」は、新聞・雑誌等に紹介させていただくことがあります。その場合はお礼として特製図書カードを差し上げます。

前ページの原稿用紙に書評をお書きの上、切り取り、左記までお送り下さい。宛先の住所は不要です。

なお、ご記入いただいたお名前、ご住所等は、書評紹介の事前了解、謝礼のお届けのためだけに利用し、そのほかの目的のために利用することはありません。

〒一〇一 - 八七〇一
祥伝社黄金文庫編集長　萩原貞臣
☎〇三（三二六五）二〇八〇
ohgon@shodensha.co.jp

祥伝社ホームページからも、書けるようになりました。
http://www.shodensha.co.jp

祥伝社黄金文庫　創刊のことば

「小さくとも輝く知性」——祥伝社黄金文庫はいつの時代にあっても、きらりと光る個性を主張していきます。

　真に人間的な価値とは何か、を求めるノン・ブックシリーズの子どもとしてスタートした祥伝社文庫ノンフィクションは、創刊15年を機に、祥伝社黄金文庫として新たな出発をいたします。「豊かで深い知恵と勇気」「大いなる人生の楽しみ」を追求するのが新シリーズの目的です。小さい身なりでも堂々と前進していきます。

　黄金文庫をご愛読いただき、ご意見ご希望を編集部までお寄せくださいますよう、お願いいたします。

平成12年（2000年）2月1日　　　　祥伝社黄金文庫　編集部

1日1分！　英単語ビジネス　使えるキーワード100

平成19年7月30日　初版第1刷発行

著者	片岡文子
発行者	深澤健一
発行所	祥伝社

東京都千代田区神田神保町3-6-5
九段尚学ビル　〒101-8701
☎ 03（3265）2081（販売部）
☎ 03（3265）2080（編集部）
☎ 03（3265）3622（業務部）

印刷所	萩原印刷
製本所	関川製本

造本には十分注意しておりますが、万一、落丁、乱丁などの不良品がありましたら、「業務部」あてにお送り下さい。送料小社負担にてお取り替えいたします。

Printed in Japan
© 2007, Fumiko Kataoka

ISBN978-4-396-31437-8　C0182
祥伝社のホームページ・http://www.shodensha.co.jp/

祥伝社黄金文庫

片岡文子 **1日1分! 英単語**
TOEICや入試試験によく効く! ワンランクアップの単語力はこの1冊で必要にして十分。

片岡文子 **1日1分! ちょっと上級 英単語**
日本語訳は似ているのに、実はまるで違う単語。ニュアンスがわかれば、使える語彙は増える。

中村澄子 **1日1分レッスン! TOEIC Test**
力をつけたい人はもう始めている! 噂のメルマガが本になった! 短期間で点数アップ!

中村澄子 **1日1分レッスン! TOEIC Test〈パワーアップ編〉**
「試験開始!」その直前まで手放せない。最小にして最強の参考書、今年も出ました! 新テストに対応。

中村澄子 **1日1分レッスン! TOEIC Test〈ステップアップ編〉**
高得点者続出! 目標スコア別、最小の努力で最大の効果。音声ダウンロードもできます。

中村澄子 **1日1分レッスン! TOEIC Test 英単語、これだけ**
出ない単語は載せません。耳からも学べる、最小にして最強の単語集。1冊丸ごとダウンロードできます。